中共中央宣传部文化名家暨“四个一批”人才项目

参考价格、文化价值
对富媒体图书购买意愿影响的研究

Research on the Influence of Reference Price and Cultural Value on the Purchase Intention of Rich Media Books

金英伟　刘瑞东　著

天津大学出版社
TIANJIN UNIVERSITY PRESS

图书在版编目（CIP）数据

参考价格、文化价值对富媒体图书购买意愿影响的研究 / 金英伟，刘瑞东著. -- 天津 : 天津大学出版社，2024. 11. -- ISBN 978-7-5618-7880-4

Ⅰ. G255.75

中国国家版本馆CIP数据核字第20245Y6Y24号

出版发行 天津大学出版社
地　　址 天津市卫津路92号天津大学内（邮编：300072）
电　　话 发行部：022-27403647
网　　址 www.tjupress.com.cn
印　　刷 廊坊市瑞德印刷有限公司
经　　销 全国各地新华书店
开　　本 710mm×1010mm　1/16
印　　张 11.75
字　　数 217千
版　　次 2024年11月第1版
印　　次 2024年11月第1次
定　　价 68.00元

前言

富媒体图书是数字化背景下，以纸质图书为价值主体利用二维码、增强现实（AR）等数字技术捆绑多种数字化富媒体资源来提升阅读价值和阅读体验的一种内容和形式均有创新的图书。本书中的富媒体图书与纸介质图书相比，出版社品牌、作者等因素均相同，而价格、产品形态、内容及组织形式均不同。消费者购买相同品牌的纸介质图书还是富媒体图书是基于产品比较而言的。在媒体深度融合和文化高质量发展背景下，富媒体图书作为一种文化创新产品，如何提升消费者的购买意愿，如何促进消费的提质增效，这是实践提出的理论课题。

基于文化产品具有经济价值和文化价值的二元性，参考价格、文化价值是影响富媒体图书购买意愿的核心变量。而且，富媒体图书处于不同价格环境时，消费者的价格和价值感知都会发生变化。因此，不同价格策略下富媒体图书购买意愿的动态变化，以及参考价格、文化价值对购买意愿影响机理的动态变化需要深入研究。

本书首先探讨了非文化类富媒体图书在消费者可接受的价格区间内渗透、适中、撇脂不同价格水平策略下购买意愿的动态变化，以及参考价格对购买意愿作用机理的动态变化；然后研究了文化类富媒体图书采用撇脂价格策略时，整合价格框架和分离价格框架下，购买意愿的动态变化以及参考价格、文化价值对购买意愿作用机理的动态变化；最后研究了文化类富媒体图书在消费者可接受的价格区间外较高价格水平时，文化价值和参考价格是如何影响购买意愿的。本书通过实证分析发现：非文化类富媒体图书在渗透、适中、撇脂不同价格水平策略下购买意愿无显著变化，参考价格对购买意愿没有显著的直接影响，主要是通过交易价值、获得价值、感知质量间接影响购买意愿，撇脂价格策略下感知质量是影响购买意愿的最重要因素；撇脂价格策略下，针对文化类富媒体图书，文化价值对购买意愿存在显著正向影响而且不因价格框架的改变而改变，参考价格对购买意愿的影响却很弱且不显著，分离价格框架比整合价格框架更能显著提升购买意愿，而且纸质和数字部分的价格可以通过优化实现利润最大化；在消费者可接受的价格区间外较高价格水平时，文化价值始终是影响文化类富媒体图书购买意愿的最重要因素，参考价格对购买意愿的作用方式与价格水平高低有关。

关于参考价格的研究，富媒体图书丰富了理论研究的对象类别；关于文化价值的研究，采用实证分析方法弥补了以往规范研究的不足；而且我们更加注重参考价格、文化价值对购买意愿影响的系统性和动态性。文化政策应以文化价值为核心，走高质量发展的路径同时限制价格战，本书为此提供了实证证据。

目录

1 绪论 …… 1

1.1 研究背景与问题的提出 …… 2

1.1.1 实践背景 …… 2

1.1.2 理论背景 …… 6

1.1.3 问题的提出及研究意义 …… 10

1.2 国内外相关研究进展及述评 …… 12

1.2.1 富媒体图书购买意愿影响因素的研究 …… 12

1.2.2 参考价格和感知价值对购买意愿的影响研究 …… 16

1.2.3 文化价值对购买意愿的影响研究 …… 21

1.2.4 价格环境对消费者购买决策的影响研究 …… 24

1.2.5 研究现状的述评 …… 29

1.3 主要研究思路 …… 34

1.3.1 研究对象与研究内容 …… 34

1.3.2 论文的结构安排 …… 36

1.3.3 研究方法 …… 37

1.3.4 技术路线 …… 38

2 理论基础和模型构建 …… 40

2.1 理论基础 …… 40

2.1.1 计划行为理论 …… 40

2.1.2 前景理论……43
2.1.3 交易价值理论……47
2.2 理论模型 ……50
2.2.1 非文化类富媒体图书理论模型构建……51
2.2.2 文化类富媒体图书理论模型构建……52
2.2.3 理论模型中相关概念的界定……55
2.3 假设模型 ……57
2.3.1 非文化类富媒体图书购买意愿假设模型……57
2.3.2 文化类富媒体图书购买意愿假设模型……62
2.3.3 文化类富媒体图书参考价格调节效应假设……65
2.4 本章小结 ……66
3 研究设计 ……67
3.1 变量的测量 ……67
3.1.1 参考价格的测量……67
3.1.2 文化价值的测量……72
3.1.3 感知质量的测量……75
3.1.4 获得价值和交易价值的测量……76
3.1.5 购买意愿的测量……78
3.2 问卷调查的设计 ……79
3.2.1 问卷的设计……79
3.2.2 数据收集方法……80
3.3 预调研与量表纯化 ……81
3.3.1 非文化类富媒体图书预调研……81
3.3.2 文化类富媒体图书预调研……85
3.4 本章小结 ……89
4 非文化类富媒体图书购买意愿假设模型检验 ……90
4.1 数据收集与检验 ……90
4.1.1 数据收集……90
4.1.2 效度检验（因子分析） ……91
4.1.3 信度检验……93

4.1.4 共同方法偏差的检验……95
4.2 理论模型检验……95
4.2.1 变量的描述性统计……95
4.2.2 价格水平策略的方差分析……97
4.2.3 结构方程模型检验……97
4.3 价格框架效应分析……101
4.4 本章小结……102
5 文化类富媒体图书购买意愿假设模型检验……103
5.1 数据收集与检验……103
5.1.1 数据收集……103
5.1.2 效度检验（因子分析）……105
5.1.3 信度检验……106
5.1.4 共同方法偏差的检验……108
5.2 理论模型检验……108
5.2.1 变量的描述性统计……108
5.2.2 不同价格框架下的购买意愿差异分析……109
5.2.3 结构方程模型检验……110
5.3 分离价格框架下的价格优化……115
5.3.1 模型的建立……115
5.3.2 模型的求解……117
5.3.3 模拟算例及解的分析……119
5.4 参考价格和文化价值对购买意愿的影响……120
5.4.1 数据收集……121
5.4.2 数据检验……121
5.4.3 实证检验……124
5.5 本章小结……127
6 结论与展望……128
6.1 研究结论……128
6.2 管理启示……131
6.3 展望……133

参考文献 …… 135
附录 A1　非文化类富媒体图书预调研问卷 …… 151
附录 A2　文化类富媒体图书预调研问卷 …… 156
附录 B1　非文化类富媒体图书正式调研问卷 …… 161
附录 B2　文化类富媒体图书正式调研问卷 …… 165
附录 B3　文化类富媒体图书高价格环境调研问卷 …… 170

图目录

图 1.1　近年图书生产、销售、库存数据 …… 2
图 1.2　近年人均纸书、电子书阅读量 …… 3
图 1.3　近年三大阅读率的变化 …… 5
图 1.4　不同的定价路径 …… 7
图 1.5　AR 图书购买意愿的影响因素模型 …… 13
图 1.6　感知价值对购买意愿的影响模型一 …… 15
图 1.7　感知价值对购买意愿的影响模型二 …… 16
图 1.8　价格的不同概念 …… 17
图 1.9　参考价格的分类 …… 17
图 1.10　感知价格公平对消费行为的影响 …… 18
图 1.11　影响品牌选择的三个重要变量 …… 19
图 1.12　参考价格和感知价值影响购买意愿的路径 …… 19
图 1.13　参考价格与解构的感知价值影响购买意愿的路径 …… 21
图 1.14　价格感知影响购买意愿的模型 …… 21
图 1.15　文化产品遵循的逻辑 …… 23
图 1.16　不同价格对价值评价的影响 …… 25
图 1.17　不同价格对参考价格和交易评价的影响 …… 25
图 1.18　富媒体图书价值图 …… 27
图 1.19　研究的技术路线 …… 39

图 2.1 计划行为理论结构模型 ……41
图 2.2 选择行为的因果关系 ……42
图 2.3 前景理论价值函数 ……44
图 2.4 价格、感知价值与购买意愿之间的关系……48
图 2.5 感知价格-感知价值模型 ……48
图 2.6 感知价格公平-感知价值模型……49
图 2.7 参考价格-购买意愿模型 ……50
图 2.8 参考价格-感知利益-购买意愿模型 ……50
图 2.9 感知质量-购买意愿模型 ……51
图 2.10 非文化类富媒体图书理论模型……52
图 2.11 顾客价值层次模型……54
图 2.12 文化类富媒体图书理论模型……54
图 2.13 非文化类富媒体图书购买意愿假设模型……61
图 2.14 文化类富媒体图书购买意愿假设模型……64
图 4.1 非文化类富媒体图书渗透价格策略下的模型检验 ……98
图 4.2 非文化类富媒体图书适中价格策略下的模型检验 ……98
图 4.3 非文化类富媒体图书撇脂价格策略下的模型检验 ……99
图 5.1 分离价格框架下文化类富媒体图书假设模型检验 …… 111
图 5.2 整合价格框架下文化类富媒体图书假设模型检验 …… 111
图 5.3 分离价格框架下购买意愿累计百分比分布 …… 118
图 5.4 98 元价格水平假设检验结果 …… 126
图 5.5 399 元价格水平假设检验结果 …… 126

表目录

表 2.1　价格信息的编码方式 ……48
表 3.1　参考价格测量指标 ……70
表 3.2　参考价格测量题项 ……72
表 3.3　文化价值的五个维度 ……73
表 3.4　文化价值的定性访谈结果 ……74
表 3.5　文化价值的测量题项 ……75
表 3.6　感知质量的测量题项 ……76
表 3.7　获得价值和交易价值的测量题项 ……78
表 3.8　购买意愿的测量题项 ……79
表 3.9　非文化类富媒体图书预调研的信度检验 ……82
表 3.10　非文化类富媒体图书预调研的探索性因子分析……84
表 3.11　文化类富媒体图书预调研的信度检验……86
表 3.12　文化类富媒体图书预调研的探索性因子分析……87
表 4.1　非文化类富媒体图书验证性因子分析结果 ……92
表 4.2　非文化类富媒体图书信度检验 ……94
表 4.3　非文化类富媒体图书变量的描述性统计 ……96
表 4.4　非文化类富媒体图书假设检验结果 ……99
表 4.5　非文化类富媒体图书各变量对购买意愿的总效应 …… 100
表 4.6　非文化类富媒体图书框架效应分析 …… 102

表 5.1 文化类富媒体图书验证性因子分析结果 …… 105
表 5.2 文化类富媒体图书信度检验 …… 107
表 5.3 文化类富媒体图书变量的描述性统计 …… 109
表 5.4 文化类富媒体图书假设检验结果 …… 112
表 5.5 文化类富媒体图书各变量对购买意愿的总效应 …… 112
表 5.6 文化价值的中介效应分析 …… 113
表 5.7 参考价格调节效应分析 …… 114
表 5.8 可接受价格区间外验证性因子分析结果 …… 122
表 5.9 可接受价格区间外信度检验 …… 123
表 5.10 可接受价格区间外变量的描述性统计 …… 124
表 5.11 回归分析结果 …… 126

主要符号表

符号	代表意义	单位
RP	参考价格	元
P_{value}	物有所值的价格	元
P_{fair}	公平的价格	元
P_{good}	划算的价格	元
P_{expect}	期望的价格	元
CV	文化价值	Likert7 级量表
PQ	感知质量	Likert7 级量表
TV	交易价值	Likert7 级量表
AV	获得价值	Likert7 级量表
PI	购买意愿	Likert7 级量表

1 绪论

2015 年 9 月,联合国教科文组织《2030 年可持续发展议程》第一次把文化纳入其中,并认为:“没有文化就没有可持续的发展,将文化置于发展政策的核心位置是对世界未来的关键性投资,也是包含文化多样性原则的全球化进程成功的先决条件。”

管理学家彼得·德鲁克认为:“当经济发展到一定水平时,真正占主导地位的资源以及绝对具有决定意义的生产要素,既不是资本,也不是土地和劳动力,而是文化。”

文化与经济关联交织,文化产业对国民经济增长和转型贡献卓著。据国家统计局公告,2018 年我国文化产业实现增加值 38 737 亿元,比 2004 年增长 10.3 倍,2005—2018 年文化产业增加值年均增长 18.9%,高于同期 GDP 现价年均增速 6.9%;文化产业增加值占 GDP 比重由 2004 年的 2.15%、2012 年的 3.36%提高到 2018 年的 4.30%,在国民经济中的占比逐年提高。从对经济增长的贡献看,2004—2012 年文化产业对 GDP 增量的年平均贡献率为 3.9%,2013—2018 年进一步提高到 5.5%。文化产业对推动国民经济持续健康发展越来越重要,而且文化产业具有低碳经济、绿色经济的特点,为国民经济转型升级和提质增效提供了有力支撑。

文化消费是文化产业发展的基础和目标,也是衡量一个国家文化软实力和国民幸福感的重要标尺。据国家统计局公告,2018 年,全国居民用于文化娱乐的人均消费支出为 827 元,比 2013 年增长 43.4%,2014—2018 年年均增长 7.5%,文化娱乐支出占全部消费支出的比重为 4.2%。由此可见,文化消费是扩大内需的重要组成部分。

1.1 研究背景与问题的提出

1.1.1 实践背景

1）推进图书出版业供给侧改革，促进图书消费

国家统计局发布的《文化及相关产业分类（2018）》将“以文化为核心内容，为直接满足人们的精神需要而进行的创作、制造、传播、展示等文化产品（包括货物和服务）的生产活动”列为文化核心领域。其中，“出版服务（021）”被列为文化核心领域“内容创作生产（02）”大类下的第一个中类。而且“图书出版（0211）”也是“出版服务（021）”中类下的第一个小类，具体包括：书籍出版、课本类书籍出版和其他图书出版服务。“图书出版”作为文化产业的核心，其消费对促进文化消费至关重要。

2000 年，我国出版图书 14.34 万种，销售 70.24 亿册，库存 36.47 亿册。2017 年，我国出版图书超过 51 万种，销售 70.21 亿册，库存 62.59 亿册。库存码洋高达 1 220 多亿元，比 2016 年增长 6.82%，远远超过 2017 年全国图书的总零售额 851 亿元。按全国 585 家出版社计算，平均每家出版社库存超过 2 亿元。2010—2017 年，我国图书出版数据（图 1.1）表明，图书销售增长乏力，图书生产增长的速度明显大于需求增长的速度，这也造成了图书库存一直在高位徘徊。2016 年和 2017 年库存册数虽有下降，但库存压力依然严峻。

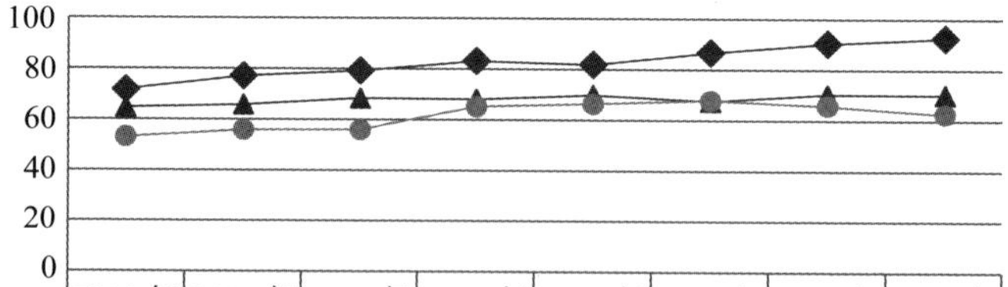

	2010 年	2011 年	2012 年	2013 年	2014 年	2015 年	2016 年	2017 年
总印数（亿册）	71.71	77.05	79.25	83.1	81.85	86.62	90.37	92.44
销售册数（亿册）	64.62	65.78	68.32	68.08	69.86	67.42	70.25	70.21
库存册数（亿册）	53.06	55.86	56	65.19	66.39	67.83	65.75	62.59

图 1.1 近年图书生产、销售、库存数据

Figure 1.1 data of book production, sales and inventory in recent years

据开卷监测数据显示，2017 年中国图书零售市场图书动销品种为 189 万种，51%

的销售额来自1%的畅销书;同时从2014年1月至2017年10月,年销售数量小于5本的图书占全部图书品种的34.5%;年销售数量小于10本的图书占全部图书品种的45.19%,即每年至少有1/3以上的图书品种成为滞销的库存。

全国国民阅读调查数据(图1.2)显示,2018年我国成年国民人均纸质图书阅读量为4.67本,与2017年的4.66本基本持平,该数据从2010年至2018年增长缓慢;人均电子书阅读量2010年至2014年增长迅猛,但2014年至2018年同样增长乏力。2019年4月发布的第十六次全国国民阅读调查结果显示,“2018年38.4%的成年国民倾向于‘拿一本纸质图书阅读’,比2017年的45.1%下降了6.7个百分点”。

传统图书市场一方面需求不旺,一方面价格战越打越惨烈。2017年是图书网上销售价格战最惨烈的一年,这种价格战被形容为“明明是卖知识,却变成卖白菜”。2017年,当当图书交易规模达400亿元码洋,销售图书11.89亿册,超过了当当图书过去两年的总量,是当当图书5年来增长率最高的一年,但也是价格战打得最狠的一年。当当图书呼吁出版社能适当提高定价,让图书保持品质。《人民日报(海外版)》曾刊发了“2017年中国出版十件大事”,其中第五件就是“电商狂欢是出版界的痛,有些出版社和电商平台的实际结算价格已经低于成本,供销关系被严重扭曲。在图书价格战当中,商业已经走到文化的对立面,这是一种短视”。

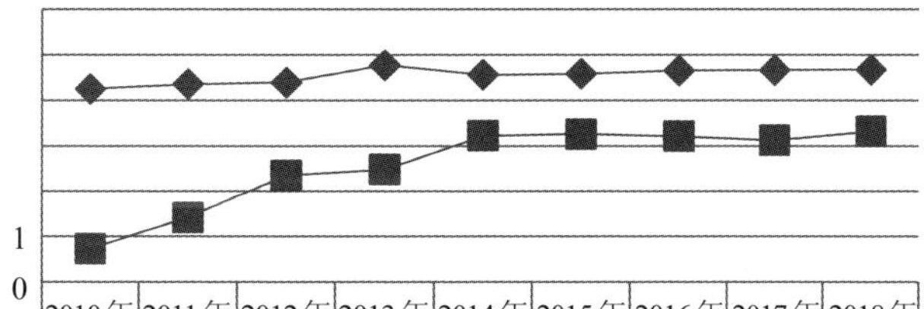

	2010年	2011年	2012年	2013年	2014年	2015年	2016年	2017年	2018年
—◆— 人均纸书阅读量(本)	4.25	4.35	4.39	4.77	4.56	4.58	4.65	4.66	4.67
—■— 人均电子书阅读量(本)	0.73	1.42	2.35	2.48	3.22	3.26	3.21	3.12	3.32

图1.2 近年人均纸书、电子书阅读量

Figure 1.2 per capita reading of paper books and e-books in recent years

上述情况表明,传统图书市场的有效供给不足、需求不旺、库存高企,而且依靠价格促销甚至“价格战”无法促进图书消费的增长,因此,促进图书消费,推进图书出版业供给侧结构性改革,必须从文化需求多元化的现实出发,开发不同形态、不同层次的创新型图书,确保最大限度满足市场需求,避免出现结构性不足或过剩。

2）促进出版深度融合，加快图书产品创新

2014 年 8 月，中央全面深化改革领导小组审议通过了《关于推动传统媒体和新兴媒体融合发展的指导意见》，习近平总书记强调，“坚持传统媒体和新兴媒体优势互补、一体发展，坚持先进技术为支撑、内容建设为根本”。媒体融合就是为更好地满足人民群众的文化和信息需求。2019 年 1 月，中共中央政治局就全媒体时代和媒体融合发展举行第十二次集体学习，习近平总书记强调，“要运用信息革命成果，推动媒体融合向纵深发展”。实现信息内容、技术应用、平台终端、管理手段共融互通，催化融合质变，放大一体效能。目前，文化的跨界融合、文化与技术的融合已成为文化产业发展最突出的特点。2018 年，腾讯借助“社交 × 内容”的网络效应，提出“新文创”理念，让更多用户和年轻人获得高品质的数字内容消费体验。

2015 年 3 月，国家新闻出版广电总局、中华人民共和国财政部印发《关于推动传统出版和新兴出版融合发展的指导意见》，重点任务的第一项就包括“顺应互联网传播移动化、社交化、视频化、互动化趋势，综合运用多媒体表现形式，生产满足用户多样化、个性化需求和多终端传播的出版产品。强化用户理念和体验至上的服务意识，既做到按需提供服务、精准推送产品，又做到在互动中服务、在服务中引导，不断增强用户的参与度、关注度和满意度”。出版融合坚持创新驱动，以出版产品创新促进需求扩展，为培育出版消费新动能、激发出版消费提质升级提供了核心动力。

2019 年 4 月中国数字阅读大会的数据显示，“网络文学的付费用户数达到了 3 600 万，日均阅读时长 73 分钟，年均付费达到 270 元”。2017 年，“得到”平台的《薛兆丰的经济学课》上线不到一年就销售逾 5 000 万元，令传统出版界大为惊叹。《人民日报》曾刊发了“2017 年中国出版十件大事”，第十件就是 2017 年作为知识付费的元年，得到、知乎、喜马拉雅等知识付费平台的兴起为知识消费提供了广阔空间，但也令传统出版压力倍增。

2019 年 4 月发布的第十六次全国国民阅读调查结果显示：40.2%的国民倾向于“手机阅读”，比 2017 年的 35.1%上升了 5.1%；有 12.8%的国民更倾向于“网络在线阅读”；有 7.7%的国民倾向于“在电子阅读器上阅读”；0.8%的国民“习惯从网上下载并打印下来阅读”；2018 年，我国有近 3 成的国民有听书习惯，有声阅读成为国民阅读新的增长点，移动有声 APP 平台已经成为听书的主流选择；2018 年我国成年国民各种媒介的综合阅读率为 80.8%，数字化阅读方式的接触率为 76.2%，图书阅读率为 59.0%。从近年综合阅读率、数字化阅读接触率、图书阅读率的变化情况（见图 1.3）

看，纸质图书阅读率一直徘徊不前，数字化阅读发展迅猛，尤其是 2014 年数字化阅读接触率首次超过图书阅读率，数字化阅读促进了国民综合阅读率的平稳增长，推动了全民阅读。

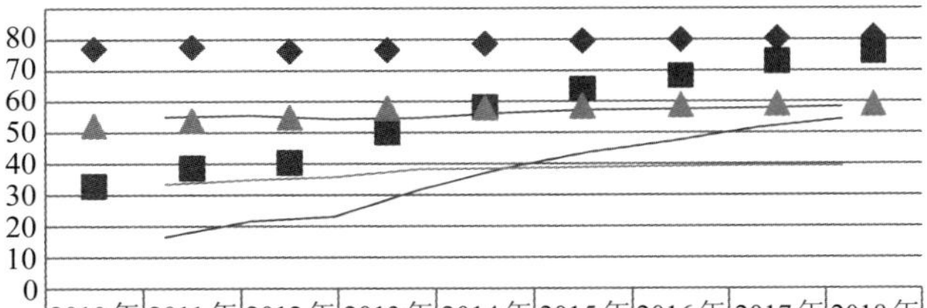

	2010年	2011年	2012年	2013年	2014年	2015年	2016年	2017年	2018年
◆ 综合阅读率（%）	77.1	77.6	76.3	76.7	78.6	79.6	79.9	80.3	80.8
■ 数字化阅读接触率（%）	32.8	38.6	40.3	50.1	58.1	64	68.2	73	76.2
▲ 图书阅读率（%）	52.3	53.9	54.9	57.8	58	58.4	58.8	59.1	59

图 1.3　近年三大阅读率的变化

Figure 1.3　changes of the three reading rates in recent years

数字阅读虽发展迅速，但浅阅读和休闲阅读占很大比例，像纸质图书一样的深度阅读较少。2017 年 7 月 13 日，中央电视台《焦点访谈》认为，“目前出版业面临的一个巨大挑战就是来自互联网数字化。纸质书的读者在慢慢减少，数字化浅阅读行为在增多，如何把读者留住，如何把读者吸引到书面前，是一个难题”。在出版融合发展的背景下，富媒体图书应运而生。2016 年，岳麓书社出版的《四大名著（名家演播版）》，以经典版本为底本，在确保文本的严谨性与权威性的条件下，邀请曹灿、顾威、徐平、晏积瑄等播音主持界著名专家进行全文演播，邀请中国古代文学专家郭英德对名著详细讲解，同时在纸质图书的每一个章节旁印上名家演播音频和讲解视频的二维码链接。这套能听能看能读的《四大名著》，给读者带来了全方位、立体化的全新阅读体验。我国图书市场上的《四大名著》有四五百个版本，而岳麓书社的富媒体版《四大名著》是传统出版与新技术融合的典型代表，也激发了潜在的阅读需求。该套书上市一年就取得了销售过亿的销售奇迹。但目前图书市场上，像岳麓书社的富媒体版《四大名著》这种质量上乘的富媒体图书却凤毛麟角。如何破解“把读者重新吸引到书面前”的难题，岳麓书社的富媒体版《四大名著》热销的案例值得借鉴和思考。

2018 年《关于完善促进消费体制机制 进一步激发居民消费潜力的若干意见》明确要求，“坚持消费引领，倡导消费者优先。坚持绿色发展，培育健康理性消费文化。稳妥把握和处理好文化消费商品属性与意识形态属性的关系，努力提供更多优秀文化产品和优质文化服务。加快发展数字出版等新兴数字内容产业，丰富数字内容供给。”随着互联网、大数据、人工智能等新技术的飞速发展，图书消费的信息空间和体验情境均产生巨变，图书消费必须培育数字消费、体验消费、按需消费等消费新动能。

在数字化背景下，像岳麓书社《四大名著（名家演播版）》这样以纸质图书为价值主体，利用二维码、增强现实（AR）等数字技术捆绑多种数字化富媒体资源，来提升阅读价值和阅读体验的一种内容和形式均有创新的图书，我们称之为“富媒体图书”。富媒体图书作为一种文化创新产品、一种出版融合产品，如何避免其重蹈传统纸质图书“价格战”的覆辙，如何提升读者对富媒体图书的购买意愿，如何促进富媒体图书消费的提质增效，在富媒体图书消费的过程中如何处理好文化产品的文化价值和经济价值的关系，如何践行“社会效益放在首位，社会效益和经济效益相统一”的准则，这些都是实践提出的理论课题。

1.1.2 理论背景

图书作为一种文化产品，具有经济价值和文化价值的二元性，它们是影响消费者购买决策的核心变量。图书的经济价值总与有形市场中特定的价格相关，如图书的定价；而文化价值是文化产品区别于其他产品的显著特征，如一本图书上市后，读者汲取、解释和评价该书所传达的思想并与其他读者讨论和交换自己的观点，最终在一个无形的思想市场中形成该书文化价值的共识。图书价格和消费者对图书价格的感知与消费者购买意愿密切相关，如果消费者的支付意愿高于图书价格，则产生消费者剩余购买意愿会增强，反之消费者剩余为负，购买意愿降低。文化价值常常不能由价格完全体现，而且消费者对文化产品的趣味偏好也会影响购买意愿。图书还是一种体验产品甚至是信用产品，人们只有在阅读甚至反复充分阅读之后才可能了解其价值和质量。由此可见，消费者对图书价格、文化价值和感知价值的判断和评价对其购买意愿的影响至关重要。

1）参考价格理论及其对消费者购买决策的影响

价格与富媒体图书的经济价值密切相关，也是影响消费者决策的重要变量。Manoj Thomas（2013）认为：传统定价理论认为，消费者购买决策以理性效用最大化为基础，即产品产生正效用，价格产生负效用；行为定价理论认为，消费者购买决策以其主观的价值评价为基础，该价值评价与价格的主观感知及评价密切相关，如图 1.4 所示。而且理性效用最大化路径中，有关价格信息的比较主要是基于实际价格和消费者收入,但行为定价路径却提供了一个新视角:实际价格和参考价格的比较。

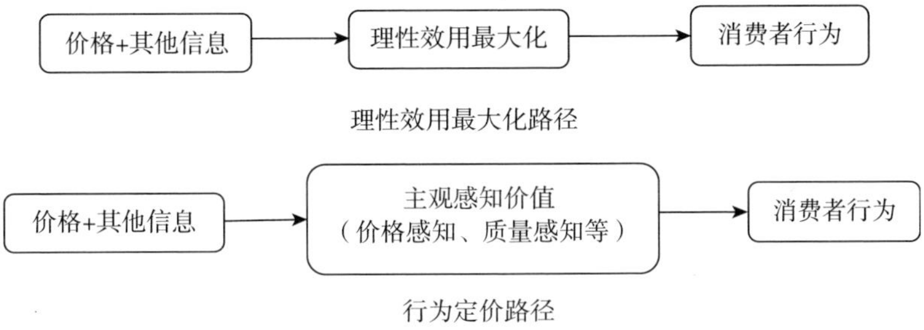

图 1.4　不同的定价路径

Figure 1.4　different pricing paths

前景理论认为,消费者的购买决策与相对于某一参考点的获得或损失相关,消费者评估未来决策的结果首先在心理上把未来决策的结果分成相对于参考点的获得或损失。参考价格(Reference Prices, *RP*)是消费者对观测到的产品价格进行评价和判断的内部标准,是前景理论的"参考点"在行为定价领域的具体体现,是行为定价研究的核心概念。消费者会利用参考价格与产品销售价格进行比较,若产品销售价格高于参考价格,消费者会感到损失进而抑制需求;若产品销售价格低于参考价格,消费者会感到有收获进而刺激需求。有关参考价格的神经心理学研究也发现,当价格高于消费者预期时,价格会激活痛苦中枢(脑岛),并抑制与加工收益有关的中央前额叶皮质脑区的活动,这两个区域的激活水平一定程度上可以预测最终的购买决策。营销学大师科特勒甚至认为,营销就是价格以产品为载体卖出去。

Tarnanidis 等(2010)梳理以往关于参考点的研究,将参考点分为明确的参考点(基于卖方视角)和含蓄的参考点(基于消费者视角),并认为从消费者的视角分析参考点的结构有利于构建一个有意义的和结构性的多维度参考点,而且认为目前研究的主要局限是缺乏基于消费者视角的特定消费情境或特定产品类别的多维参考点构念及其对消费决策的影响研究。

与一般产品不同,富媒体图书作为出版融合背景下的一种创新产品、一种体验产品和一种文化产品,具备鲜明的产品特征。而且文化产品主要满足的是人们的精神需要,阅读体验与消费者自身的艺术修养和文化积累也密切相关。因此,富媒体图书的参考价格如何理解又是如何影响消费者购买决策的需要深入系统研究,这也是参考价格理论研究的一个缺口。

2）交易价值理论及其对消费者购买决策的影响

图 1.4 中的行为定价路径表明，消费者基于实际价格和参考价格的比较会影响消费者的主观感知价值，进而影响消费者的行为。

感知价值是消费者对交易中获得的收益和付出的成本之间的一种心理权衡。消费者感知价值越高，购买意愿就越强，就越容易表现出购买甚至重复购买的消费行为。对于非文化产品而言，当消费者面临众多待选品牌时，将选择购买感知价值最高的那个品牌，实证研究也表明消费者感知价值是购买意愿的重要前因。

2017 年诺贝尔经济学奖得主 Richard（2008）认为，一项经济交易中，消费者的感知价值可被分解成获得价值（*AV*）和交易价值（*TV*），获得价值是对产品或服务本身的价值感知，其结果对消费者而言不是损失而是获得；交易价值是对交易价格、交易方式、交易过程等交易本身的价值感知，其结果对消费者而言是一种相对的获得或损失。获得价值（*AV*）和交易价值（*TV*）共同影响消费者的购买决策。交易价值是消费者对销售价格和参考价格进行比较后的相对的获得或损失的心理感知。

Richard（2008）虽将感知价值分解为获得价值和交易价值，但其模型中没有深入研究感知质量对购买决策的深入影响。无论对消费者而言，还是对社会或政府而言，图书质量都是极其重要的。2018 年 12 月底，我国出台《图书出版单位社会效益评价考核试行办法》，并将一半的考核权重设置为出版质量，足见出版质量的重要性。我国出版理论家刘杲先生曾指出，坚持图书质量第一，就是坚持国家和人民的利益第一，是图书出版为人民服务、为社会主义服务的前提，也是正确处理社会效益和经济效益的基础。《2015 年中国网络购物市场研究报告》显示，用户海外购物的主要原因就是感觉国外商品的质量有保证。消费者对产品质量的感知不是客观的实际的产品质量，它是一个比产品属性更高层次的多维度的抽象概念，是消费者对产品的各种优越性累加的主观整体评价，即感知质量。

富媒体图书作为一种文化创新产品，主要满足的是消费者的文化精神需要，以感知质量和获得价值为核心的文化获得感应是影响消费者购买决策的核心变量，但在图书市场长期价格战的背景下，交易价值对购买决策的影响也不可忽视，感知质量和获得价值的影响力能否超过交易价值还需实证检验。或者我们应寻找一种策略，不但能提升消费者的购买意愿，而且能使富媒体图书的获得价值和感知质量成为影响消费决策的首要因素而交易价值的作用处于次要地位，这也符合文化消费的提质升级和高质量发展的需要。同时，参考价格对感知质量、获得价值和交易价值的影响，以及感知质量、获得价值、交易价值之间的关系也是理论研究需要探讨的。

3)文化价值理论及其对消费者购买决策的影响

文化是“某个社会或某个社会群体特有的精神、物质、智力与情感方面的不同特点之总和,除了艺术和文学之外,还包括生活方式、个人的基本权利、价值观体系、传统和信仰”。富媒体图书首先是一种具有文化特征的文化产品。与一般产品不同,文化产品是一种“生产过程需要付出脑力劳动,向消费者传递了象征性信息(并非只是功利目的而是服务于一个更大的沟通目的),具有或至少可能具有知识产权”的特殊产品。

文化产品因精神的、审美的或对提高社会文化认同的贡献而具有文化价值。与一般产品不同,文化产品具有文化价值和经济价值的二元性,这是包括经济学家、艺术历史学家、人类学家和文化理论家在内的跨学科小组所做的一系列研究的一个共同主题。联合国教科文组织(2005)也认为文化产品具有“经济和文化双重性质。由于它们传达了身份特征、价值和意义,因此不得仅以拥有商业价值来对待”。索罗斯比(2013)认为,文化产品的文化价值和经济价值不是互相独立的,而且随着二者估值的变化,它们间的关系也是动态变化的。价格与经济价值密切相关,但价格并不能衡量所有价值,这会引发“市场失灵”问题,在文化领域“市场失灵”极为普遍。

与一般商品不同,富媒体图书具有经济价值和文化价值的二元性,它们是影响消费者购买决策的核心变量,但感知价值、感知质量对消费者购买决策的影响也很重要,因此,针对富媒体图书,参考价格、文化价值、感知价值、感知质量是如何共同影响消费者购买意愿的需要深入系统研究,这也是参考价格理论和交易价值理论以往研究中所欠缺的。

4)价格环境变化对消费者购买决策的影响

Lillian 和 Kent(2013)认为,作为行为定价基石的参考价格对消费者购买决策具有深刻影响,参考价格不但与产品和产品类别密切相关,而且随着消费者遇到的外部环境价格的变化以及价格分布的变化而不断变化。Richard(2008)认为,消费支出在心理上按一定标准分成不同账户,消费决策不但受感知价值的影响,也受消费者当时当地消费情境下预算限制的影响,即使相同的消费分配到不同的心理账户时价值函数和价格敏感度都会有差异,而且消费情境中的价格信息与预算限制和心理账户密切相关。即使相等的价格以不同的方式呈现也会影响人们的价格认知和购买决策,即价格框架效应。框架效应体现了消费者的购买决策及偏好会因信息的表达方式不同而发生变化，Schröder 等（2015）研究发现，相比于“自主砍价”框架，当采用“自主支付”赋价框架时，消费者给商品的定价会更高。

因此，富媒体图书处于不同价格水平或同一价格水平采用不同的价格表达框架时，价格作为一项支出可能被分配到不同的心理账户，此时，消费者对富媒体图书的购买意愿是如何变化的，以及参考价格、文化价值、感知价值、感知质量对购买意愿的影响又是如何动态变化的，需要深入研究。

1.1.3 问题的提出及研究意义

1）问题的提出

基于实践背景，我们必须深入思考影响富媒体图书消费者购买意愿的关键因素是什么，以促进富媒体图书的消费；这些关键因素是如何影响富媒体图书购买意愿的，以促进富媒体图书消费的提质升级；富媒体图书市场能否既避免价格战，又能实现消费的增长和提质升级，以及实现“社会效益放在首位，社会效益和经济效益相统一”的出版方针。

基于理论背景，参考价格和文化价值是影响文化产品购买意愿的关键核心要素，但感知价值、感知质量也会影响购买意愿，同时它们也受参考价格和文化价值的影响，而参考价格、文化价值、感知价值、感知质量影响富媒体图书购买意愿的内在机理却不明确，认知心理学认为不同认知过程之间存在相互作用。而且在不同价格环境下，消费者购买意愿的动态变化以及参考价格、文化价值、感知价值、感知质量影响购买意愿的内在机理的动态变化，都是理论研究中需要深入探讨的。

基于实践需要和理论背景，本书拟研究的问题如下。

（1）消费者可接受的价格区间内，不同价格水平策略下富媒体图书购买意愿的变化，以及参考价格、文化价值、感知价值、感知质量是如何影响富媒体图书购买意愿的。

（2）消费者可接受的价格区间内，不同价格框架策略下富媒体图书购买意愿的变化，以及参考价格、文化价值、感知价值、感知质量是如何影响富媒体图书购买意愿的。

（3）不同心理账户下富媒体图书购买意愿的变化，以及参考价格、文化价值两个核心变量是如何影响富媒体图书购买意愿的。

2)实践意义

明确参考价格、文化价值、感知价值、感知质量等关键因素是如何影响富媒体图书购买意愿的，有利于激发阅读新需求，培育阅读新动能，促进图书消费的健康增长和提质升级，这对我国图书出版业的高质量发展和推动全民阅读具有重要意义。而且富媒体图书作为一款出版融合产品，以纸质阅读与数字阅读的深度融合为核心，以优质的图书内容为根基，以灵活、新颖、形象的数字阅读为补充和发展动力，其市场成功有利于为媒体融合战略引领文化产业的融合发展，为融为一体、合而为一提供可借鉴的经验和路径。

改革开放以来，我国出版业发展迅猛，但要加快推动从出版大国向出版强国迈进，解决“有高原缺高峰”的问题，必须实现出版业高质量发展。出版业的高质量发展既要强化精品意识、坚持质量第一，又要把社会效益放在首位，推出更多社会价值高，能启迪思想、温润心灵的精品力作。本书从文化价值、感知质量、获得价值等视角研究富媒体图书的消费，有利于为如何促进图书消费的提质升级和增强人民的文化获得感与幸福感，以及如何从消费的视角“推进出版领域供给侧结构性改革和高质量发展”提供理论参考。

党的十九大报告指出，“文化是一个国家、一个民族的灵魂。文化兴国运兴，文化强民族强。满足人民过上美好生活的新期待，必须提供丰富的精神食粮。要深化文化体制改革，完善文化管理体制，加快构建把社会效益放在首位、社会效益和经济效益相统一的体制机制”。文化已上升到兴国强族的高度，富媒体图书必须以满足人民对美好生活的精神需求和提升社会效益为核心，本书中的文化价值正是精神需求和社会效益的代表，而参考价格可视作经济效益的代表，因此本书的结论有利于为构建“社会效益放在首位、社会效益和经济效益相统一的体制机制”提供理论支撑。

3)理论意义

参考价格及其作用与产品及产品类别密切相关，以往研究多集中于消费者产品熟悉度较高的家用搜索型产品。富媒体图书既是一种文化创新产品，又是一种体验产品，还具有私人产品和公共产品两种属性的混合产品的特征，因此针对富媒体图书的研究会丰富参考价格及其作用在文化创新产品方面的理论，弥补研究中缺少有关新产品和文化产品相关研究的理论缺口。

文化产品具有文化价值和经济价值的二元性已成理论共识，本书以富媒体图书为研究对象，利用实证分析的方法研究二者间的动态关系，既丰富了文化价值理论的适用产品范围，也弥补了二者之间的动态关系缺少实证证据的理论缺口。而且，本书将参考价格、文化价值、交易价值、获得价值等影响消费者购买意愿的关键因素纳入统一模型，深入研究其对购买意愿的影响机理，有利于从全方位的视角分析影响购买意愿的核心要素和作用路径，使我们更加系统、深入地理解购买意愿的内在驱动力，丰富了相关理论研究的系统性。

参考价格、文化价值、感知价值、感知质量对消费者购买意愿的影响不是静态的，本书以富媒体图书价格环境的变化为背景，深入研究参考价格、文化价值、交易价值、获得价值对消费者购买意愿的影响在不同价格策略下的动态变化，不仅弥补了相关研究静态分析的不足，而且有利于从价格视角分析购买意愿的变化及内在驱动力的变化，进而为富媒体图书的定价策略的优选提供实证证据和理论依据。

1.2 国内外相关研究进展及述评

1.2.1 富媒体图书购买意愿影响因素的研究

根据联合国教科文组织对图书的定义，图书是一个“除封面外至少由 49 页组成的非期刊性印刷出版物”。图书作为一种文化产品，具有如下特征：具有经济价值和文化价值的二元性；属于混合产品，同时具有私人产品和公共产品属性；是一种体验产品甚至信用产品，人们只有在阅读甚至多次充分阅读之后才能了解其价值或部分价值；具有需求的不确定性，有些图书是极其成功的，同时大多数图书未能取得成功，成功难以预料且无人知晓；消费的机会成本（如阅读时间）可能很高，甚至高于图书价格，实际上从文化角度来看任何有价值的图书都需要花费时间和精力去研读；阅读可以被解释为是对未来的一种私人投资，而不是消费；图书生产具有高固定成本（甚至是多次高固定成本）、低边际成本的特征（数字部分甚至可忽略不计）；公共服务（如图书馆）是消费的一种（几乎）免费的替代。

联合国教科文组织对图书的定义是指纸介质图书而言的。富媒体图书是数字化背景下，以纸质图书为价值主体利用二维码、增强现实（AR）等数字技术捆绑多种数字化富媒体资源来提升阅读价值和阅读体验的一种内容和形式均有创新的图书。富媒体图书以纸介质图书为核心，因此具有纸介质图书的所有特点；同时，富媒体图书又包含了多种富媒体数字资源，具有网络信息产品的特征。

意愿是个人从事特定行为的主观概率。Dodds 等(1991)认为,购买意愿就是指消费者购买某种特定产品的主观概率或可能性。购买意愿是消费者选择某一产品的主观倾向,具有较强的主观性,既体现了消费者对待产品的态度,又反映了消费者做出购买决策的概率大小。学界普遍认为购买意愿能够用来预测消费者的购买行为。研究发现,性别和受教育水平对阅读习惯有影响,女性比男性更有可能阅读,但是男性与女性的阅读条件却没有大的差异。

何同亮等(2017)以增强现实图书(AR 图书)为例进行研究,认为经济价值、情感价值、功能价值、条件价值、社会价值和选择态度对于 AR 图书用户的购买意愿具有直接或间接的影响,并且经济价值、功能价值、情感价值对 AR 图书用户选择的态度也有积极的作用,如图 1.5 所示。杨华等(2018)的研究认为网络口碑的传播内容(信息)特性对消费者图书购买意愿具有直接的显著影响;网络口碑的传播者(信源)特性既存在对购买意愿的直接显著影响,也存在以传播内容特性为中介的间接显著影响。资树荣和林天然(2019)的研究认为,网上图书的价格折扣率和书龄对图书销售具有显著影响,同时图书获奖能够促进销售,消费者的评论数量对图书销售也具有显著的正向影响。

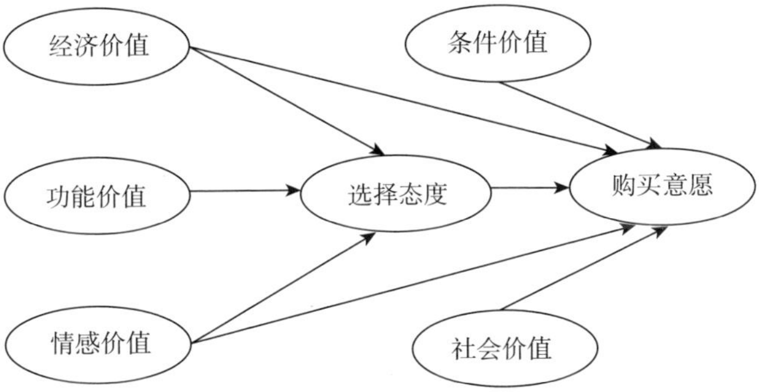

图 1.5 AR 图书购买意愿的影响因素模型

Figure 1.5 influence factor model of AR book purchase intention

Ashworth 等 (2010) 使用一个由 644 本小说图书组成的销售数据,发现文学奖和文学提名奖两个主观属性对小说的销售起到了积极的促进作用。Chevalier 和 Mayzlin(2006)利用亚马逊等在线书商的书评数据,调查口碑对图书销售的影响,发现书评对图书销售存在正相关的影响,但差评对销售的边际影响大于好评的边际影响。Gaffeo 等(2008)通过实证研究发现意大利图书市场的信息转移具有收益不变特征，该结论与图书市场“无人知晓”等原则一致。

对图书购买意愿影响因素的理论研究比较少，但基于图书属于文化产品，以及我们购买图书的主要渠道已经由传统的实体书店转向当当、京东、亚马逊等网络书店，因此可借鉴其他相关的文化产品购买意愿的研究以及网络消费者购买意愿的相关研究。

O'Hagan 等（2010）认为，文化消费具有特殊性，消费者对文化产品进行消费的效用体现为能够获得审美、情感、精神、价值认同、象征、娱乐等方面的意义，而非功用性的效用。Wheatley 等（2017）认为，文化产品属于体验性产品，文化消费是典型的体验性消费，而且一般是愉快的体验，文化消费的体验也可称为文化体验。资树荣和林天然（2019）认为，消费者的主观感知既表明其自身对文化产品的品质会产生主观评价影响消费，而且主观评价也会对其他消费者的主观感知起作用。针对电影市场，评论对消费的影响结论不一，Liu（2006）认为，显著影响销售量的因素是产品评论的数量而不是产品评论的结果，但 Duan 等（2008）却发现，在线评论影响整个销售分布的方式并不明晰。

网络消费者购买意愿影响因素的研究中，既有从技术角度出发，认为网站技术水平的高低会影响消费者网络购物行为，也有从消费者的角度出发，认为消费者心理因素会影响网络购物行为。鉴于目前网络书店的技术水平、服务水平、风险防范等都比较成熟，因此有关网络消费者的心理因素和主观感知因素对购买意愿的影响值得借鉴。CNNIC《2015 年中国网络购物市场研究报告》显示：书籍音像制品销量提升至第三位，一方面由于网络渠道压缩利润空间，较高的折扣力度吸引用户购买；另一方面则是中国网民读书习惯的逐渐养成。

Yin 等（2007）认为，在网络情境中，价格比较的机会和容易度的增加造成了消费者更经常地参与价格比较。李东进等（2012）认为，网络购物中产品价格信息对消费者购买决策具有重要影响，当消费者面对价格不同而其他信息完全一样的选项时，如为品牌产品，大部分消费者都偏好最低价格的选项从而抑制了折中效应，在非品牌组中，无论消费者感知价格质量关系高低，当加入更高价格的选项时都会发生折中效应；而且，当消费者感知价格质量关系较高时发生折中效应程度就会增加，感知价格质量关系高的消费者中更容易形成“价格-质量”的二维评价模式，质量在评价过程中的影响权重会更大，也更需要消费者在价格和质量之间进行权衡，从而引发更强的折中效应。张喆等（2015）基于交易效用理论和公平理论研究发现：市场上的价格离散程度对消费者的感知价格公平有显著的负向影响，价格离散程度越高，消费者的感知价格公平程度就越低；消费者的感知价格公平程度越高，消费者的交易效用就越高；消费者的交易效用对消费者团购参与意愿有着显著的正向影响；消费者的感知价格公平是市场价格离散水平和交易效用的完全中介变量，市场价格离散程度通过消费者的感知价格公平作用于交易效用并最终影响消费者的团购参与意愿。

《2015 年中国网络购物市场研究报告》显示：用户网购时不只是追求价格便宜，70.8%的网购用户会将品质与价格折中考虑，24.6%的网购用户甚至会因为高品质而忽略价格，只有 4.7%的网购用户会因为商品的价格而略微牺牲品质。除了价格便宜，感知价值和质量也是影响消费者网络购物的重要因素。王崇（2007）认为感知价值、感知风险对网络消费者购买意愿有显著的影响，感知利益对购买意愿的影响不显著，从影响程度上看，感知价值对购买意愿的影响程度要强于感知风险对购买意愿的影响，结果表明感知价值是影响消费者网络购买意愿的主要原因，而且感知利益和感知风险是影响消费者感知价值的主要变量，如图 1.6 所示。钟凯（2013）发现，感知产品质量、感知网站服务质量和感知风险对网络消费者购买意愿的影响是显著的，其中感知产品质量对网络消费者的购买意愿影响最为显著，消费者感知产品质量越高，则越有可能产生购买意愿；同时感知价值对网络消费者购买意愿也有显著正向影响，而且感知产品质量对感知价值存在显著影响，如图 1.7 所示。

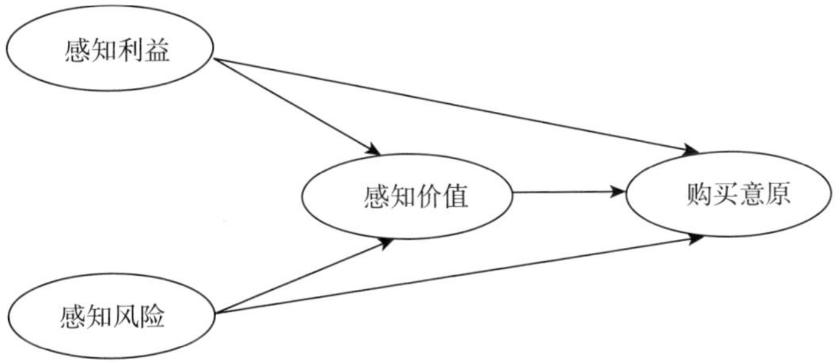

图 1.6 感知价值对购买意愿的影响模型一

Figure 1.6 influence model 1 of perceived value on purchase intention

由此可见，作为一般产品的富媒体图书，其价格、感知价值、感知质量等因素是影响购买意愿的要素，但作为文化产品的富媒体图书，除了上述因素外，其能否给消费者带来审美、情感、精神、价值认同、象征、娱乐等方面的文化价值，也是影响购买意愿的核心要素。

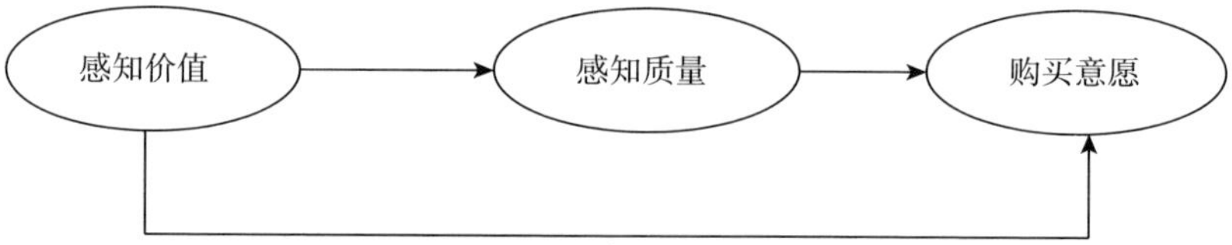

图 1.7 感知价值对购买意愿的影响模型二

Figure 1.7 influence model 2 of perceived value on purchase intention

1.2.2 参考价格和感知价值对购买意愿的影响研究

Cheng 和 Monroe（2013）认为，参考价格是消费者主观感知的一个动态的、内在的价格，消费者利用该价格对观测到的产品价格进行评价和判断。这说明参考价格是内在的，任何外部的锚定价格本身不是参考价格，但可能会影响参考价格，同时不同的消费者在不同情境下会有不同的参考价格，即参考价格具有异质性和动态性。可接受的价格区间是消费者为获得特定产品愿意支付的价格的集合，下限为可接受的最低价格，低于该价格消费者会因怀疑产品质量有问题而放弃购买，上限为支付意愿（WTP），特指消费者为获得特定产品愿意支付价格的上限，也称保留价格或文化产品的经济价值。Crompton（2015）认为，当价格水平位于可接受的价格区间之外，会发生比较效应，消费者将拒绝该价格；当价格水平位于参考价格区间内，会发生同化效应，消费者将接受该价格；当价格水平处于可接受的价格区间之内和参考价格区间之外时，比较效应和同化效应都可能发生，消费者虽然对价格不满意，但不会立即拒绝或接受该价格，而是结合各种外部信息（包括外部价格信息）进一步判断是接受该价格还是拒绝该价格，如图 1.8 所示。

参考价格一直是行为定价领域的核心概念和研究重点。Oded Lowengart（2002）总结了已有研究采用的多种参考价格，并认为大量参考价格概念的出现说明参考价格是一个具有复杂性和多维度特性的概念，该研究按形成参考价格的内部程序不同，将参考价格分为行为型参考价格（Behavioural Reference Price）和判断型参考价格（Judgmental Reference Price）。

行为型参考价格既涉及特定产品的消费者历史体验，又涉及对同类产品的评价。因此，行为型参考价格又可分为直接的历史体验型参考价格和信息加工型参考价格。直接的历史体验型参考价格既反映了消费者的个人历史价格体验，又反映了其历史价格的记忆和回忆能力。信息加工型参考价格是基于当前的消费者信息集对同类产品价格的评价而形成的。

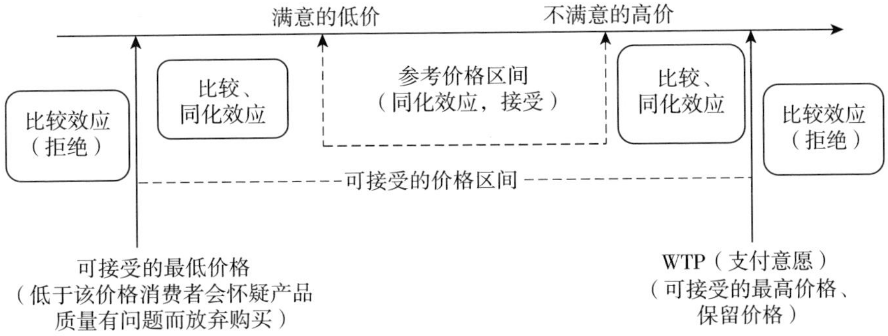

图 1.8 价格的不同概念

Figure 1.8 different concepts of price

判断型参考价格的形成过程是指消费者形成价格期望的过程。判断型参考价格基于潜在的判断准则可细分为价值型参考价格（Value-based Reference Price）、中心趋势型参考价格（Central Tendency-based Reference Price）和边界型参考价格（Boundary-Based Reference Price）。价值型参考价格是消费者基于产品历史消费体验和货币价值评估做出的判断；中心趋势型参考价格是消费者基于同类产品中其他产品的价格和目标产品特定价格的分布对目标产品现在和未来价格做出的判断；边界型参考价格既有反映消费者最大支付意愿的价格（WTP），也有作为产品质量保障的价格下限，即如果价格低于某一水平消费者会怀疑产品质量。各个参考价格及其符号如图 1.9 所示。

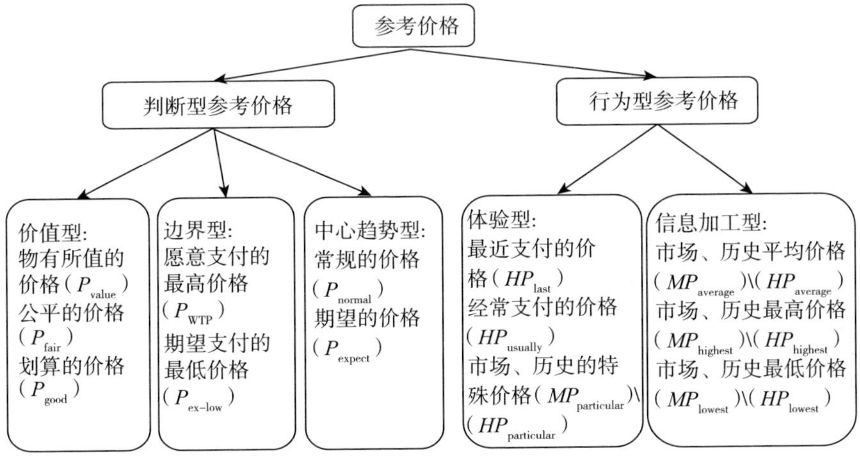

图 1.9 参考价格的分类

Figure 1.9 classification of reference prices

"价格如何影响消费者购买决策"是企业、政府、学者共同关心的主题,尤其针对富媒体图书这样的文化创新产品,企业希望实现利润最大化,政府希望实现社会效益和经济效益的统一,学者希望揭示市场中最神秘的这对因果关系。参考价格一直是营销学研究的重点,其对深入理解消费者行为有重要作用。在经济学领域,已有研究表明传统的微观经济学模型在考虑了参考价格效应后才能更好地反映实际需求。已有的关于参考价格对购买决策的影响研究中,多与感知价值等其他变量相结合,系统研究对消费者购买决策的影响。Wolk 和 Spann(2008)研究认为,消费者行为更容易受到各种价格信息的影响,特别是参考价格的影响,在交互性定价机制情境下,内部参考价格对产品价值感知具有显著正向影响。Michael Tsiros 等(2010)研究发现不同价格促销策略下,预期的价格都显著影响消费者的购买意愿。Hernán 等(2012)研究认为,内部参考价格对购买数量和成交价格都有显著正向影响。

Xia, Monroe 和 Cox(2004)认为,如果两次交易的价格存在差异,交易的相似度越高,价格不公平感知也越高;如果相似度很高的两次交易的价格存在差异,相似的消费者之间的比较与在不同购买时机的自我比较(或与自我的参考比较)相比,前者对价格不公平感知的影响更大;当比较的结果是正向的或中性的(有利的不平等或相等),买方对卖方的信任对价格公平性感知有正向的影响,当比较的结果是负向的(不利的不平等),买方对卖方的信任对价格公平性感知有 U 型的影响;感知不利的价格不平等(与有利的价格不平等或价格相等相比)会增加感知的货币牺牲并最终降低感知价值;有利的价格不平等会引发不安或内疚的情绪,不利的价格不平等会引发失望或愤怒的情绪,当消费者感知价格不平等时负面情绪是随后购买决策的主要驱动力;与价格公平性感知相比,消费者更清楚什么是价格不公平,价格不太公平和价格不公平感知是否及如何通过中介变量(如感知价值)对消费者购买行为的影响值得深入研究,如图 1.10 所示。

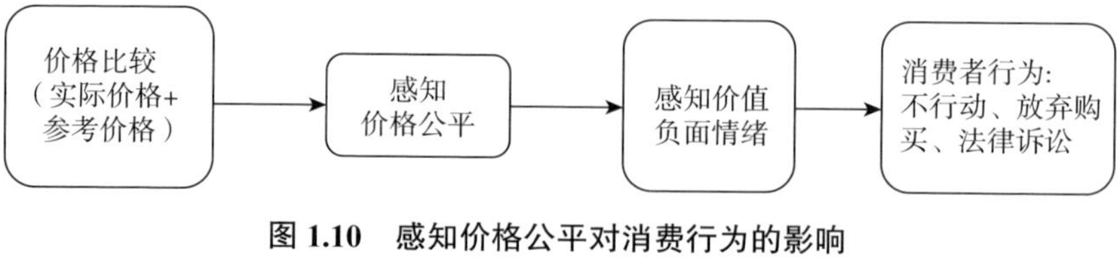

图 1.10 感知价格公平对消费行为的影响

Figure 1.10 perceived impact of price fairness on consumption behavior

Rodolfo 等(2007)认为,价格及其变化、参考价格、基于参考价格和实际价格感知的获得或损失都是影响消费者品牌选择的关键变量(如图 1.11 所示),而且消费者对以参考价格为基准的等量获得和等量损失的反应强度是不同的,消费者对等量损失反应更强烈。

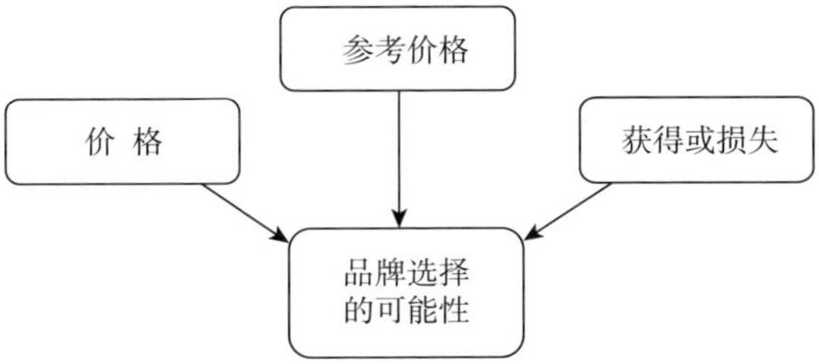

图 1.11 影响品牌选择的三个重要变量

Figure 1.11 three important variables affecting brand selection

Joele 等(1988)研究认为,参考价格通过影响感知价值进而影响感知搜寻节省,最终会影响购买倾向,如图 1.12 中 a 路径所示。而 Biswas 等(1991)研究却认为,参考价格同时影响感知搜寻节省和感知价值,然后二者再最终影响购买倾向,如图 1.12 中 b 路径所示。Vaidyanathan 和 Aggarwal(2001)研究认为,在不同卷入度条件下,消费者使用不同类型的参考价格,而且决策结构也有所不同:低卷入度条件下使用 AIRP 型参考价格,参考价格同时影响感知价值和感知搜寻节省,然后感知价值和感知搜寻节省又同时影响购买倾向,如图 1.12 中 b 路径所示;高卷入度条件下使用 MIRP 型参考价格,参考价格通过影响感知搜寻节省再影响感知价值,最终影响购买倾向,如图 1.12 中 c 路径所示。

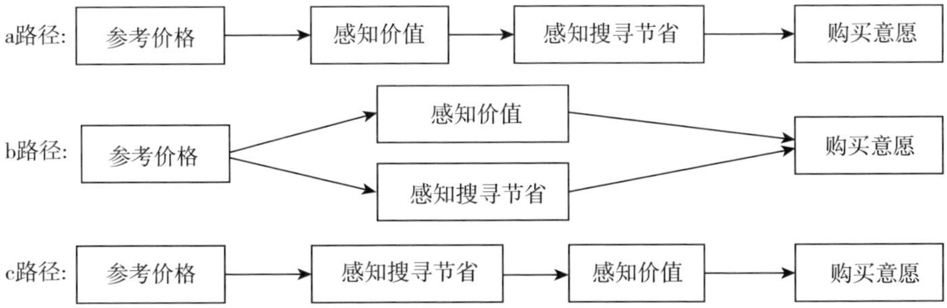

图 1.12 参考价格和感知价值影响购买意愿的路径

Figure 1.12 The path of purchase intention influenced by reference price and perceived value

综合上述研究的 a、b、c 路径可发现,参考价格会影响感知价值,而感知价值又会影响购买意愿，即：参考价格→感知价值→购买意愿，但这些研究的感知价值作为一个整体概念并没有被解构。

参考价格对购买意愿的影响研究中，感知价值是一个重要的中介变量，如何解构感知价值及探讨其对购买意愿的影响，有利于更深入地理解感知价值的中介效应。很多研究以诺贝尔经济学奖得主 Richard（2008）的交易价值理论为基础，将影响消费者购买意愿的感知价值分解成获得价值（*AV*）和交易价值（*TV*）。获得价值源自产品获得和使用，是对产品或服务本身的价值感知，交易价值源自经济交易，是对交易方式、交易过程等交易本身的价值感知。

Yadav 和 Monroe（1993）研究发现，价格捆绑能为消费者带来更大的交易价值进而提升购买意愿。Bei 和 Simpson（1995）研究再生产品的购买意愿时，发现"获得-交易价值"理论能够很好地解释消费者的行为，获得价值和交易价值对消费者的心理利益、感知质量、预期价格都会产生显著影响。Dodonova 和 Khoroshilov（2004）在网络拍卖情境下，发现消费者对标的物的价值判断存在锚定效应，而且当消费者以折扣价格成交时获得的"交易价值"显著影响购买意愿。Shao-Kang Lo 等（2013）对线上交易的研究也发现，线上广告参考价格会影响交易价值，进而影响购买意愿。Chiang 等（2013）基于技术接受模型（TAM）研究消费者电子优惠券使用倾向时，发现引入"获得价值-交易价值"理论时模型的解释力更强。

Grewal，Monroe，Krishnan（1998）研究人们购买熟悉度较高的自行车产品时发现，参考价格对购买意愿的影响是先后通过交易价值和获得价值实现的，如图 1.13 中 d 路径所示，同时作者认为参考价格是一个多维度的概念，其构成是一个基础性问题，应深入研究，该模型采用标准价格、平均价格、公平价格作为参考价格的测量指标存在一定的局限。Branchik 等（2015）研究高卷入度条件下人们购买汽车保险时，发现交易价值和获得价值都会显著影响消费者的购买意愿，而且交易价值对购买意愿的影响大于获得价值的影响，但作者没有深入研究参考价格对交易价值、获得价值、购买意愿的影响，如图 1.13 中 e 路径所示，虚线表示没有研究该路径。

图 1.13 中 d 路径和 e 路径的研究虽将感知价值解构为获得价值和交易价值，但没有进一步分析感知质量的作用。而 Richard（2008）认为价格如果作为质量推断信号，有利于增加获得价值，同时作者期望交易价值和质量信号机制应纳入统一模型深入研究。面对产品熟悉度较低的新产品或体验产品时，消费者会利用价格对产品实际价值进行推测，或将价格作为质量线索，认为高价格意味着高质量。甚至在某些情

况下，价格越高，需求反而越大。神经心理学的研究也发现，当产品价格高于参考价格时，损失厌恶激发的撤回动机和高价格暗示高质量的接近动机共同形成矛盾的动机趋势，进而影响购买决策。

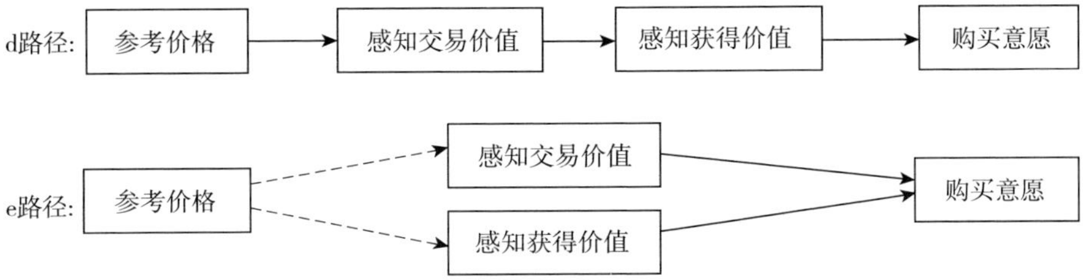

图 1.13 参考价格与解构的感知价值影响购买意愿的路径

Figure 1.13 The path of purchase intention influenced by reference price and deconstructed perceived value

门罗（2005）从理论上提出，价格感知会影响感知质量进而影响获得价值，同时价格感知也会影响交易价值进而影响获得价值，获得价值是影响购买意愿最直接的变量，交易价值的存在有助于强化获得价值，但不会直接影响购买意愿，如图 1.14 所示，但该模型缺乏实证证据的支持。

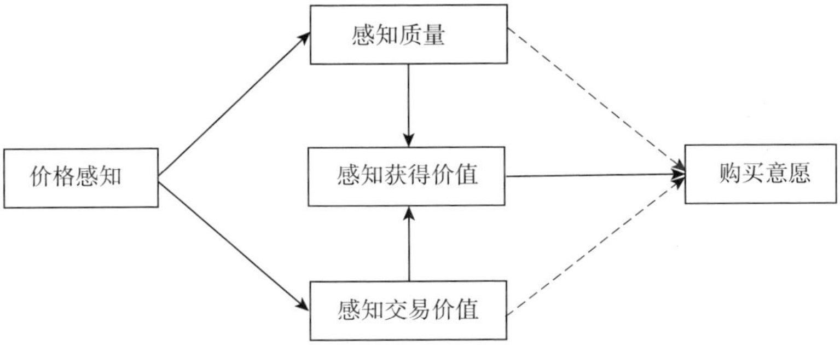

图 1.14 价格感知影响购买意愿的模型

Figure 1.14 model of price perception influencing purchase intention

1.2.3 文化价值对购买意愿的影响研究

从消费的视角看，文化产品主要是指满足人们精神的需要且能交易的商品或服务。文化产品除具有文化的本质特征外，还具有下列三个显著特点。①文化产品是一种“创造性产品”。创造性产品是指生产过程中需要某种创造能力的产品，如第一部智能手机的研发需要创造能力，但无须满足文化的标准。文化产品一定需要创意而且必须满足文化的概念，如一本书的写作不但需要作者的创意，而且作品内容承载并向读者传递了某种象征性信息。我国2018年就将“内容创作生产”列为文化核心领域。因此，“文化产品”本身就是“创造性产品”这一广义范畴的一个分支。②文化产品是一种“体验产品”。文化产品的质量和价值必须由消费者亲身体验才能确定。文化特性使不同文化背景的消费者对同一文化产品的体验也会大相径庭，而且文化消费总是发生在与文化情境密切相连的信息空间和体验空间中，即使同一消费者对同一文化产品的体验也会因时空的改变而改变，“书读百遍，其义自见”就是最好的例证。文化产品的体验特性使其成为一种理性的、容易沉迷的产品，即文化需求是累积的，现在的文化消费会导致未来消费的提高。③文化属性也使文化产品成为一种“混合产品”，即同时具有私人产品和公共产品两种特性：一方面，消费者通过获得文化产品的财产权而享有其利益，如读者购买了一本书即享有阅读该书和处置该书的权利；另一方面，文化产品具有非排他性（文化产品一旦产生某些利益即被某一群体所有人享有）和非竞争性（一个人消费后不会减少其他人的消费量），如对于图书馆的图书，所有借阅者都有阅读的权利而无须取得该书的财产权，同时一个人阅读后不会影响其他读者继续阅读。

因文化产品兼具创造性、体验性、混合性的产品特征，并因精神的、审美的或对提高社会文化认同的贡献而具有文化价值，而且文化价值是文化产品区别于其他产品的显著特征，如音乐具有艺术、美学、符号、情绪提振、自我肯定等文化价值。因此如何认识文化产品的经济价值和文化价值以及如何在市场环境中处理二者之间的关系尤为重要。

杨承志（2007）认为，文化产品是人类精神智力创造的物化形态，文化产品是经济价值和文化价值的辩证统一，文化产品具有现实和潜在的巨大经济价值，这是文化产业发展的动力和基础，文化产品的文化价值就是其文化内容和精神因素对人与社会的生存发展所具有的作用、影响、意义。这些作用、影响、意义的性质和大小就是其文化社会价值的性质与大小。文化产品的文化社会价值包括认识价值、审美价值、教育价值、伦理价值等，包括积累创造民族文化、凝聚民族精神、传承历史文化等独特功能。这是文化产品的根本性价值。但这种价值很难在文化产品市场交换中进行等价计量，社会主义市场经济体制下的文化产品，应当具有文化价值和经济价值双赢、经济效益与社会效益双效的价值取向。

何琦和高长春（2013）研究认为，文化创意产品的价值包含市场价值和非市场价值两个维度。市场价值是可以通过交换用货币收入反映出来的产品价值，包含物及物权、知识产权、消费者感知价值、文化符号价值四个要素。非市场价值则反映了创意产品固有的特征，是其科技、文化、艺术价值的社会化体现，是长期的、带有公共属性的，可以作为文化资本积淀的内在价值，不因消费者的主观意愿而变化。

李志强（2015）研究认为，出版业具有文化价值与经济价值的双重属性，在出版企业和市场博弈的过程中，存在“出版企业选择追求文化价值，市场认真分析鉴别出版物价值正确接受”这个理想的博弈纳什均衡。首先出版业必须坚守文化价值追求，其次出版企业选择追求经济价值的概率越大，市场越倾向于选择分析鉴别出版物价值，最终促使出版业在坚守文化价值的同时又能提高经济效益，实现双重的价值目标追求。

单世联（2019）认为，“文化价值”是指文化之所以为文化的基本属性和内涵，就是真善美，它们蕴含于各种文化产品、活动、服务之中，使文化与非文化区分开来。但文化不是孤立地存在的，如它在经济方面产生的效应、影响、功能等，即为其经济效益。文化发展必须以文化价值为基础，兼顾各种效益，追求诸效益之间的动态平衡。

Arjo Klamer（2016）研究认为，文化经济学的研究应采用基于价值的方法，文化艺术产品具有经济价值，主要涉及市场支付意愿（M）和政府奖项或补贴（G）两个逻辑；文化艺术产品更核心的价值是文化价值（C），而且服从文化逻辑，发生在一定的社会群体（S）和家庭或创作团队（O）中，如图 1.15 所示；而且文化政策的制定者和文化组织都应更加关注文化产品的核心价值和质量，并基于此思考最佳的市场战略和价值实现路径。

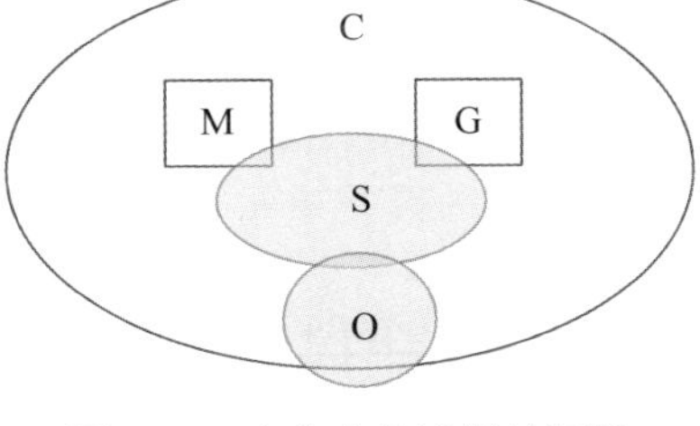

图 1.15　文化产品遵循的逻辑

Figure 1.15　the logic that cultural products follow

杨永忠（2016）认为，文化产品的总价值等于其经济价值与文化价值之和已成学术界共识，但文化价值是争论的焦点，因为从价值逻辑看，美学评价的逻辑将文化价值置于人们对作品的一系列反映之中，其评估会受到正式或非正式规则的影响，如品味、知识、经历、社会阶层等，对作品技术特征的解释还会受到评论的影响，因此，文化产品的文化价值具有很大的不确定性。

索罗斯比（2013）认为，文化价值是文化产品的核心，而且表现在审美性、精神性、社会性、象征性、历史性和真实性等特质上，并可由观察者对每项特质进行评估，然后汇总得到文化价值的总体评估。文化价值与支付意愿（WTP）代表的经济价值构成了文化产品的总价值，二者之间密切相关又不完全相同，个人可能会感到无法就其购买意愿来表达对一些文化现象的估价，例如很难用金钱来清晰地表达内心对文化身份或者精神体验所做出的估价。尽管理论上坚称文化产品具有文化价值和经济价值，而且文化价值应是文化产品的核心价值，经济价值很难完全反映文化价值，但是很少有实证证据证明二者是有区别的，或者探讨二者之间可能的关联性。

金斯伯格和索罗斯比（2018）研究画作的文化价值时，认为其包括：审美价值、社会价值、象征性价值、精神价值、教育价值，并将社会价值、象征性价值和精神价值区分为利己和利他两个维度，进而研究它们对支付意愿（WTP）的影响，结果表明：象征性价值（对他人价值）、精神价值（对他人价值）对画作租金的评估几乎没有影响。这表示受访者普遍对画作传达的故事性价值或者精神意义有强烈的感知——这是文化价值的重要指标——但是他们认为这些价值不影响对作品的货币价值估计；同时，审美价值、象征性价值（对自己的价值）、教育价值对画作租金的评估有着强烈和显著的影响。由于文化产品的特殊性，可以预期这一领域将成为文化学、经济学、管理学与心理学相互交叉的重要前沿研究领域。富媒体图书的文化价值对购买意愿的影响在目前的实证研究中很少涉及，何同亮等（2017）研究增强现实图书（AR 图书）购买意愿时，虽从经济价值、情感价值、功能价值、条件价值、社会价值等多个视角证明它们对于 AR 图书的购买意愿具有直接或间接的影响，但没有涉及文化价值对购买意愿影响的研究。

1.2.4 价格环境对消费者购买决策的影响研究

Niedrich 等（2001）研究认为，在消费者价格判断的时间点上出现的一些价格比其他时间点的价格对于价格判断更重要。Wolk 和 Spann（2008）研究发现，外部参考价格（*ERP*）和参考价格（*RP*）都显著正向影响价值评价；广告参考价格（*ARP*）大于参考价格(*RP*)时显著正向影响价值评价,夸张的广告参考价格比看似合理的广告参考价格对价值评价的影响更大;外部参考价格(*ERP*)出现时,广告参考价格(*ARP*)对价值评价的影响力变小(如图 1.16 所示)。

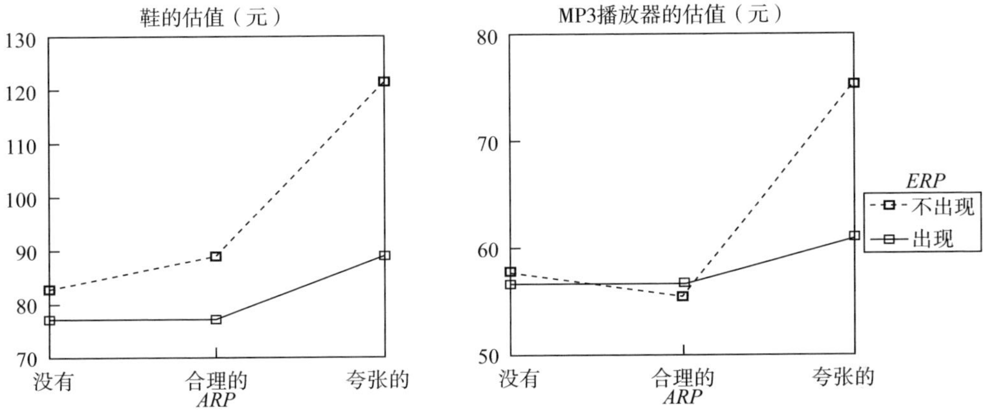

图 1.16 不同价格对价值评价的影响

Figure 1.16 influence of different prices on value evaluation

Kan 等(2014)研究也发现,广告参考价格(*ARP*)(如“建议零售价格”或“常规的销售价格”)对参考价格有显著的正向影响进而通过参考价格影响消费者对交易的评价,而且当广告参考价格(*ARP*)和产品销售价格所蕴含的有关产品的信息重叠越多时,广告参考价格(*ARP*)对参考价格的影响力越大(如图 1.17 所示)。

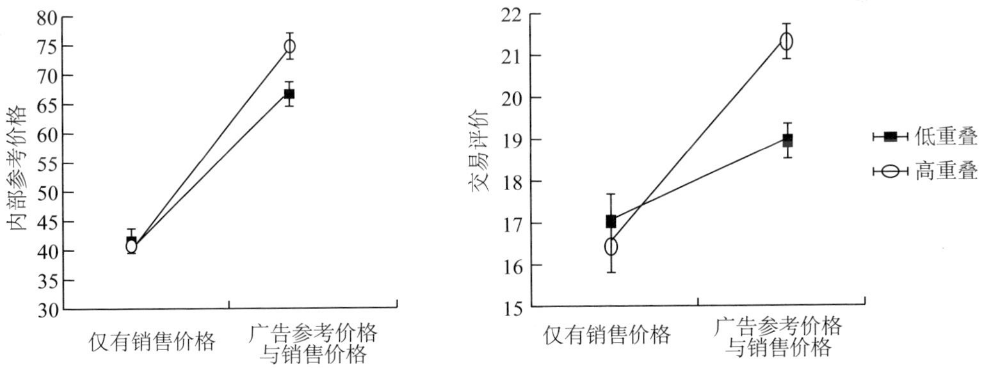

图 1.17 不同价格对参考价格和交易评价的影响

Figure 1.17 influence of different prices on reference prices and transaction evaluation

Bambauer-Sachse 和 Dupuy(2012)研究发现,价格促销会导致参考价格下降,而且不自信的消费者比自信的消费者参考价格下降幅度更大;在低卷入度条件下,“价格数量节省的表达方式”比“价格百分比节省的表达方式”消费者参考价格下降幅度更大,而高卷入度条件下结论正好相反。消费者对某一产品的价格评价以及消费者的支付意愿(WTP)显著地受到其看到的相同产品或不同产品价格的影响。

富媒体图书作为一种文化创新产品,以纸介质图书价格作为参照,其自身的价格水平可以选择渗透价格策略、适中价格策略和撇脂价格策略;某一价格水平条件下,价格信息的表达方式又可选择整合价格框架策略和分离价格框架策略。本书设定的富媒体图书的价格环境包括纸质图书价格和不同价格策略下的富媒体图书价格。

1)价格水平策略对购买决策的影响

我们利用价值图来说明富媒体图书的价格水平策略,如图 1.18 所示,横轴代表感知利益,纵轴代表感知价值。感知价值是感知利益与感知价格的比值。图 1.18 中价值等值线上的产品的感知利益依据感知价格成比例增加,围绕价值等值线的感知价格和感知利益的微小变化往往不会影响销量,该地带称作价值无差异带。在价值无差异带的上方属于价值不足地带,往往定价过高。在价值无差异带的下方属于价值过剩地带,往往定价偏低。

富媒体图书作为一种体验产品、一种文化创新产品,消费者只有从阅读中才能了解其利益,有时同一本书同一读者每次阅读体验到的利益都不同,有些书从某种意义上可视作信用产品,即图书的真正利益可能长期处于未知状态,而且富媒体图书的感知利益与读者的状态密切相关、见仁见智,这都说明富媒体图书感知利益具有较大的分散性。图书也是消费者经常购买的产品,而且图书价格一定时期内变化不大,即使富媒体图书作为一种文化创新产品,其价格与纸质图书价格比较而言也不会差距过大,这说明富媒体图书感知价格具有较小的分散性。

Smith(2015)认为,适中价格策略可避免负面的价格竞争;渗透价格策略可视作战术性的价格促销,可获得一定的市场份额,但易引发价格战;撇脂价格策略可能抑制需求,导致较低的销量。但针对新产品的价格水平策略的优劣,不同研究结论不一。有研究认为新产品应主要采用渗透定价甚至免费策略;也有研究支持新产品采用撇脂价格策略;更有研究发现开创性新产品倾向于采用渗透价格策略,而改进性新产品主要采用撇脂价格策略。Brian Coulter 和 Srini Krishnamoorthy(2014)研究认为,高定价会产生高的参考价格,竞争者的定价也会向其收敛,这将给行业带来正的外部性和更高的利润。Crompton(2015)研究认为,在可接受价格区间内,在参考价格均值附近小幅提价会提高收入,同时不疏远消费者,但在可接受价格区间外不能大幅提价。

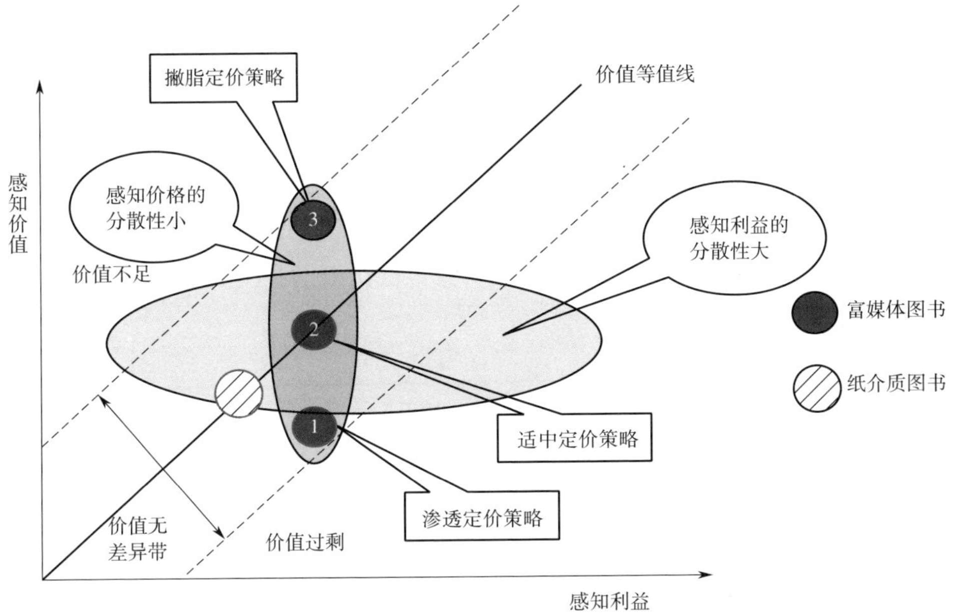

图 1.18 富媒体图书价值图

Figure 1.18 value map of rich media books

Lowe 和 Barnes(2012)研究发现,对于改良性的新产品而言,捆绑免费赠品的促销与渗透定价相比,前者的消费者参考价格、交易价值、购买倾向更高;对于变革性的新产品而言,后者的消费者交易价值、购买倾向更高,因为感知风险存在调节作用。Sachse 和 Dupuy(2012)研究认为,价格促销在增强消费者购买倾向的同时也会降低消费者内部参考价格,价格促销对购买倾向的正向和负向影响的实现路径是未来研究的重点。但 Crompton(2011)研究认为,撇脂定价可以上移消费者内部参考价格,因此会提高消费者价格容忍区间的上限。无论采用何种定价策略,基于感知价值的定价有利于新产品的市场表现。

2)价格框架策略对购买决策的影响

富媒体图书作为出版融合的产物,本质上是一种"产品捆绑"型的文化创新产品。“产品捆绑”是将两个或更多的产品或服务整合成一个新产品，并以特定的价格进行销售。Stefan 等（2002）认为，“产品捆绑”体现的产品的重新架构和再设计为消费者提供了价值增加值，即捆绑后的新产品价值将大于独立产品价值之和。“产品捆绑”因产品重构而产生的价值增加值，可能表现在产品功效的提升、使用的便利性、成本的降低等诸多方面，产品捆绑是企业重要的长期差异化战略，它与新产品研发密不可分。

富媒体图书作为一种纸媒和数字媒体相融合的创新型图书，由纸质图书 A 和数字资源 B 捆绑而成。富媒体图书的价格（p）有两种价格框架策略：一种价格框架是整合价格框架（$P_{in}=P_{A+B}$），即富媒体图书以一个价格打包销售；另一种价格框架是分离价格框架（$P_{se}=P_A+P_B$），即纸质图书 A 和数字资源 B 分别定价，可以独立销售；两种价格框架下，$P_{in}=P_{se}$。

富媒体图书作为一种“捆绑型”的文化创新产品，马祖军等（2015）认为，定价策略对其市场成功至关重要，满意的价格捆绑能够提升消费者对捆绑品牌和捆绑营销模式的满意度，进而促成消费者的购买决策。基于前景理论的框架效应认为：如果 x 和 y 是获得，则价值函数表现为 $V(x)+V(y)>V(x+y)$，分离价格框架占优；如果 x 和 y 是损失，则价值函数表现为 $V(-x)+V(-y)<V(-x-y)$，整合价格框架占优。

Timothy 等（2008）研究认为，分离价格框架会使消费者把各个产品的价格分别与各自的参考价格进行对比进而再对整体交易进行评价，这会导致购买“捆绑产品”可能性的下降，而整合价格框架会导致更高的购买“捆绑产品”的可能性和更低的不购买“捆绑产品”的可能性。Hong-Youl（2006）也认为，价格信息表达的整合价格框架优于分离价格框架，而价格促销节省信息的表达时分离价格框架优于整合价格框架。Timothy 等（2008）和 Hong-Youl（2006）选择的产品均是消费者卷入度较高的耐用品，分别为旅行箱和计算机，结论也与前景理论的框架效应一致。但针对服务的研究却认为，如果 A 产品的需求具有弹性而且价值显著高于 B 产品，同时 B 产品与 A 产品是互补关系且有利于提升 A 产品的价值，则分离价格框架获得消费者增量的可能性会较大；如果捆绑产品 A+B 的需求具有弹性，而且 A 产品与 B 产品具有较强的双向互补关系，则整合价格框架获得消费者增量的可能性会较大。有关人们支付健身费用的研究发现了“支付折旧”效应，按年支付健身费用后，消费者希望赚回年费，短期内定期去健身，但长期看，去健身房的频率逐渐下降；按月支付健身费用后，消费者希望赚回月费的热情不减，长期看，消费者去健身房的频率一直很高，而且续费的比例也很高，这与前景理论框架效应的结论不符。Mittelman 等（2014）研究产品的供给框架时，也发现产品分离价格框架比整合价格框架更有利于消费者追求消费的多样性，进而有利于促进产品创新。Bertini 等（2008）研究机票价格时认为，分离价格框架因价格的“指引性刺激”可增加产品次级属性在交易评价中的重要性，但这种价格效应的影响力受到次级属性的相对重要性和可评价性的调节，次级属性与核心属性越难区分以及次级属性越难评价，则分离价格框架的“指引性刺激”的影响力越弱，因此该研究认为在探讨价格框架的作用时必须考虑多种因素的影响，在不同情况下，可能得出不同的结论。Stark 等（2017）研究发现，感性的消费者比理性的消费者面对获得框架时更偏好确定性的选项，面对损失框架时更偏好不确定的选项。研究还发现，对于高起点金额要求的满立减，价格促销力度较大时，同等力度的促销用立减和百分比折扣同时呈现，比以百分比折扣形式呈现会给消费者带来更高的感知节省和购买意愿；促销力度较小时，同等力度的促销用立减方式呈现比以百分比的方式呈现会给消费者带来更高的感知节省和购买意愿。

1.2.5 研究现状的述评

1）参考价格对富媒体图书购买意愿的影响缺乏研究

参考价格是消费者主观感知的一个动态的、内在的价格，而且与产品类别密切相关。基于面板数据测算法的参考价格对品牌选择、购买数量和购买时机（现在购买或延迟购买）都有显著影响，但这些研究大多基于经常购买的包装产品（Frequently Purchased Packaged Goods，FPPG），针对服务、耐用品及文化产品的研究却很少。而且这些研究的方法论也经常被质疑，因为参考价格是内在的，不同的消费者具有不同的参考价格，另外对期望的价格能否代表参考价格也存在质疑。

基于实验调查法的参考价格效应，主要涉及参考价格对感知价值和购买意愿的影响研究。但参考价格是一个复杂的多维度概念，而且参考价格的维度构成和作用模式与消费情境、产品类别等诸多变量密切相关。因此，参考价格研究必须放在具体的消费情境中，针对明确的产品类别，有明确理论边界的参考价格研究才具有理论和实践意义。以往研究中很少涉及文化产品和创新产品，而富媒体图书作为一种文化创新产品、体验产品，参考价格的相关研究更是罕见。由于消费者缺乏富媒体图书历史消费体验，很难形成行为型参考价格，无法利用面板数据推断参考价格，因而只能利用基于判断型参考价格的实验调查法研究参考价格及其与相关变量之间的关系。

即便如此，利用实验调查法测量参考价格本质上涉及两个问题：①哪些判断型参考价格能作为富媒体图书参考价格的测量指标？②这些测量指标会形成几个参考点？解决上述问题需要严谨的探索性因子分析、验证性因子分析等实证检验，但以往研究缺乏严谨的实证分析。

行为定价研究的核心问题就是消费者怎样感知和使用价格信息。总结已有研究，虽发现"参考价格→感知价值→购买意愿"，但参考价格概念及其作用与产品和产品类别密切相关，已有的研究主要集中在消费者产品熟悉度较高的低价百货或电子产品，对新产品的参考价格及其作用却鲜有研究，未来行为定价最重要的研究领域也许是价格概念、质量的推断、价值的感知等变量之间的关系。与已有研究的搜索型产品相比，已有研究很少涉及作为体验产品的富媒体图书的参考价格及其相关概念之间的关系，而且体验产品的参考价格和"参考质量"水平可能更密切相关，参考价格如何影响获得价值、交易价值和感知质量进而影响购买意愿，以及获得价值、交易价值和感知质量三者间的作用关系，已有研究缺少分析或分析得不够深入，针对富媒体图书这样的文化创新产品，这些关系更需深入系统的探究。

Nicole 和 Katharina（2017）梳理了近 10 年的行为定价研究，认为参考价格概念值得深思熟虑，并提出与参考价格相关的概念之间的关系存在诸多矛盾，因此进一步明确与价格相关的概念间的关系，尤其是一些既有区别又有联系的概念间的关系值得深入研究，如参考价格、交易价值、价格-质量关系等。

早期研究将感知价值作为一个整体概念，发现其是参考价格影响购买意愿的重要中介变量，如图 1.12 所示；后期虽将感知价值解构为获得价值和交易价值，但研究结论也存在差异，而且没有深入研究感知质量的作用，如图 1.13 所示；门罗的模型如图 1.14 所示，虽从理论上引入感知质量，但参考价格、交易价值、获得价值和感知质量之间的关系及对购买意愿的影响都缺乏实证分析，而且不同的产品类别或许结论也不同。

2）文化价值对富媒体图书购买意愿的影响缺乏研究

对于非文化产品的研究表明，参考价格和感知价值是影响消费者购买意愿和消费行为的关键因素；但对于富媒体图书这样的文化创新产品而言，文化价值是其核心利益，也是区别于非文化产品的显著特征，而且针对绘画的研究表明文化价值会影响消费者愿意支付价格的上限即支付意愿（WTP），而且有关消费者购买行为的研究中购买意愿是更广泛的研究范畴，因此，文化价值应作为影响富媒体图书购买意愿的重要变量加以研究。

已有研究表明,文化产品的价值由两个单独成分——经济价值和文化价值——组合而成,而且文化价值成分虽与经济价值相关,但不能完全纳入经济价值。这也表明,应该把文化价值当成一种独特的价值形式,它对文化政策决策可能很重要,但却不能用财务上的评估来全面把握,而且文化价值是文化产品的核心价值,文化价值是第一位的,经济价值是第二位的。但从研究方法看,关于文化价值与经济价值的关系研究中,定性的研究和论述较多,实证研究却很少。著名文化经济学家索罗斯比也一直认为,尽管理论上称经济和文化价值并存,但是很少有实证证据来证明二者是有区别的,或者探讨二者之间可能的关联性。而且已有研究中对经济价值的评估,采用的是消费者保留价格(即消费者愿意支付的最高价格)。与保留价格相比,参考价格更能准确反映消费者对文化产品经济价值的判断。2017年诺贝尔经济学奖得主Richard(2008)就将获得价值重新定义为物有所值的价格和销售价格的函数,之前他认为获得价值是保留价格和销售价格的函数。

直接探讨文化价值对经济价值的影响的实证研究本就凤毛麟角,关于感知价值与文化价值、经济价值之间关系的研究更是罕见。杨永忠(2016)认为对于文化产品经济价值和文化价值的二元价值划分,主要是一种静态的考察,为文化产品价值认识提供了一个基本框架,而随着创意经济的不断发展,文化产品所具有的动态的体验特征越来越明显,因此,如何认识文化产品的体验价值,体验价值与文化价值、经济价值的关系如何,有待进一步厘清。

沿着文化价值和经济价值这个范畴的系统研究将对进一步理清所有价值概念之间的关系有所裨益,而且从更广泛的层次来说,经济与文化评估的对比特性,还可以引发对其他艺术形式和文化领域的详尽探讨。富媒体图书作为一种重要的文化核心产品,其文化价值是文化消费和文化政策决策的首要影响因素,但同时也必须思考文化价值对经济价值的影响和促进作用,文化政策必须有利于全面构建“社会效益放在首位,社会效益与经济效益相统一”的体制机制。

“手段-目的链”理论认为消费者的消费动机反映了消费者的终极价值、消费结果和产品属性之间的一个相互联系的阶层关系。消费者渴望的终极价值往往反映了其深层的文化价值观,图书作为一种文化产品,其消费主要就是满足了消费者精神层面的需要,文化价值正是图书内容及其精神因素对消费者及社会所具有的意义的反映,因此,文化价值正是文化产品消费终极价值目标的反映。消费结果反映了消费者在特定情境下消费经历（或预期）的结果，可能是价格结果、质量结果、情绪结果、社会结果，它们是实现终极价值的途径。因此，终极价值层的文化价值可能通过影响消费结果层的感知价值、感知质量进而影响购买意愿，不过该假设需要进一步的实证检验。

3）参考价格、文化价值、感知价值、感知质量影响富媒体图书购买意愿的机理及动态分析应加强

已有研究基本没有将参考价格、文化价值、感知价值、感知质量纳入一个体系深入研究这些变量是如何影响购买意愿的，这可能因为这些研究都是基于非文化产品的，因此没有涉及文化价值的研究。而且已有关于参考价格、感知价值、感知质量对购买意愿的影响研究都是基于某一特定消费情境的静态分析。但消费者对一项交易的价格、价值评价显著地受到消费情境中各种价格信息的影响，因此必须基于产品比较和一定的价格环境，才能反映真实的交易评价过程，这也与实际消费情境相符。

不同价格环境下参考价格、文化价值、感知价值、感知质量的动态变化及其对购买意愿作用机理的动态变化都必须以纸介质图书和富媒体图书的产品比较和价格情境的变化为消费情境深入探讨。这不但有利于深入了解促进文化消费的内在机理的变化，寻找一条既能促进富媒体图书消费又能实现富媒体图书消费提质升级的最佳路径，而且有利于为富媒体图书这样的文化创新产品寻找到最佳的价格策略。

针对非文化的新产品，究竟应采取哪种价格水平策略，理论上也存在争议。富媒体图书不但是一种文化创新产品，还是一种混合产品，兼具私人产品和公共产品的特征，因此，其价格水平策略具有一定的复杂性，不能仅以市场标准判断价格水平策略的优劣。

同样，富媒体图书作为捆绑产品究竟适合整合价格框架还是分离价格框架，已有研究也存在分歧。为了提高框架效应的有效性，应关注框架效应的适应条件，即影响框架效应的诸多调节变量。Yi-Fen Chen 等（2016）研究也发现，网络购物情境下消费者面对不熟悉的产品时，积极的框架效应比消极的框架效应能显著提升消费者的购买意愿，而且精神娱乐产品与实用产品相比，积极的框架效应更能提升消费者的购买意愿。上述研究说明框架效应对消费者购买决策有重要影响，但产品类别差异对框架效应的影响也很重要，不同产品类别框架效应的结论可能不同，富媒体图书的诸多特点说明其究竟适合哪种价格框架需要深入研究。

富媒体图书处于不同价格水平策略和不同价格框架策略下，有关参考价格、文化价值、感知价值、感知质量的动态变化及其对购买意愿作用机理动态变化的研究以往很少涉及。

4）富媒体图书的购买决策是基于与纸介质图书比较而言的

参考价格是前景理论的参考点在价格领域的具体体现，参考依赖是前景理论的本质特征。消费者无论对价格、利益、价值的感知都会依据一个参考点，这个“参考点”可能是消费者对目前产品的满意度水平，也可能是其销售价格。Zeithaml（1988）认为，消费者对价值的感知和评价取决于特定的参考框架，消费的不同阶段价值的含义也有所不同。前景理论认为，对于一个特定的购买决策，某产品加上正在考虑的类似替代品，会形成一个比较组，消费者对一种产品的感知和评价是与组内其他产品比较而言的，比较的对象可以是价格、质量、利益等诸多方面。

本书中的富媒体图书与传统的纸介质图书相比，是一种“文化创新”产品。消费者购买相同品牌的纸介质图书还是富媒体图书是基于产品比较而言的。以往研究中，很少将购买决策置于特定的产品比较环境中。

也有研究认为，口碑或图书获奖对图书购买意愿存在影响，但这是基于图书体验产品特征而言的，消费者往往依靠各种价值和质量信号（包括价格、口碑、图书评论、图书获奖、图书品牌、作者声誉等等），来增加他们获得更愉悦的阅读体验、文化体验、精神体验的概率，这些信号向消费者传递了来自评论界或专家的评判，它们就是消费者脑海里的“认证戳”。但问题是如何区分这些“认证戳”的“影响效应”（即它们独立改变消费者对所选作品内在品质的决策能力）和“预测效应”（即它们仅倾向于预期消费者对作品的某些品质的偏好）。因为有研究发现显著影响销售量的因素是产品评论的数量而不是产品评论的结果，甚至还发现在线评论影响整个销售分布的方式并不明晰，以及在线口碑在感知价值与购买意愿中起到调节作用而非直接影响购买意愿。获奖的图书有取得巨大商业成功的，也有市场表现平平的，而且许多没有获奖的图书也成为市场上的畅销书。“认证戳”的“影响效应”不过是指它们能影响消费者对所选作品内在品质的判断。

本书的消费决策环境是基于相同品牌图书不同产品形态比较而言的，口碑和品牌在出版社、作者相同而产品形态、价格不同的纸介质图书和富媒体图书之间差异不大。而且未来研究的最重要路径应当远离对获奖结果的过分专注，而应将注意力从结果转向原因则会发现另一番景象。我们应重点从富媒体图书自身对消费者的利益和价值的角度来研究消费者的购买意愿，尽量避免“买书不读书”。因此本书的重点是参考价格、文化价值、感知价值、感知质量等核心因素对富媒体图书购买意愿的影响。

1.3 主要研究思路

1.3.1 研究对象与研究内容

1)研究对象

随着数字技术的日新月异,文化消费的价格、数量、范围、内容、类型、便利性和文化偏好等都因技术变革而产生巨变。技术变革引发了文化消费新变化,这也要求文化组织在消费者沟通、产品发展、价值创造和组织管理上不断创新,其中文化产品创新是最重要的,而且有利于将文化纳入可持续发展的概念范畴。

2018 年美国纸质图书总销量继续保持上升态势,这是自 2013 年以来,美国纸质图书销量连续 6 年保持上涨。研究认为,纸质书的回归和电子书的衰落说明,读者的阅读体验仍是决定阅读媒介选择的根本因素,这不是对技术的否定,而是科技的形式需要根据现代人的感受结构进行调整。新兴的富媒体图书就是有价值的尝试。

富媒体图书就是数字化背景下,以纸质图书为价值主体利用二维码、增强现实(AR)等数字技术捆绑多种数字化富媒体资源来提升阅读价值和阅读体验的一种内容和形式均有创新的图书。本书就是以文化创新产品富媒体图书为研究对象的。本书中的富媒体图书与纸介质图书相比,出版社品牌、作者等因素均相同;而成本、价格、产品形态、内容及组织形式均不同。

富媒体图书对消费者而言能感知到的差异,除了价格差异外,富媒体图书还有三个显著特点:①媒体融合,60%内容在纸上呈现,40%内容以动画、音视频、虚拟现实等新媒体呈现;②超级链接,新媒体内容在纸书上以二维码或 AR 技术通过超级链接的方式在手机上展现;③沟通互动,随时随地可与作者、译者、其他读者借助手机平台沟通互动。因此富媒体图书购买决策是基于与同品牌纸介质图书相比较而言的。

出版业将图书分为教育类、专业类和大众类。但教育类与专业类图书相似,对于特定读者而言,购书主要是获取知识和专业信息,它们的核心价值并非文化价值;而大众类图书中的文化类图书却具有较高的文化价值,更是大众类图书的核心。因此,根据富媒体图书是否具有文化价值,可将其分为非文化类富媒体图书和文化类富媒体图书。

(1)非文化类富媒体图书。本书以高等教育教材和教辅为代表。2019 年 2 月，中共中央、国务院印发《中国教育现代化 2035》，明确要求加强课程教材体系建设，要求充分利用信息技术，丰富并创新课程形式，健全国家教材制度。2016 年，国家教材委员会明确要求创新教材形式，提升教材质量，合理确定教材价格。同时，高校学生自主购买高等教育教材和教辅也是大势所趋，以某出版社为例，2019 年传统渠道高校教材销售下降 10%以上，而网络零售却增长 20%以上。在数字化、信息化背景下，线上线下的混合式教学和翻转课堂备受关注，与之相适应的高等教育富媒体教材和教辅该如何定价以及影响消费者购买意愿的核心变量值得深入思考。

(2)文化类富媒体图书。本书以大众出版市场中畅销的文化类富媒体图书为代表。正如联合国教科文组织总干事在 2002 年世界图书日所说的那样，文化类图书作为文化工具，与作为营利性企业产品之间始终存在矛盾：作为最古老的沟通方式与传播方式之一，图书不仅影响着精神、教育和文化，而且还影响出版业正常的工业和经济状况。文化影响与经济利益两个因素之间的联系形成了一个看似矛盾的复杂体系。

2)研究内容

(1)针对非文化类富媒体图书，在消费者可接受价格区间内不同价格水平策略下，参考价格、获得价值、交易价值、感知质量对购买意愿的影响，具体研究内容如下。

①在可接受的价格区间内，撇脂定价、适中定价、渗透定价不同价格水平策略下，消费者的购买意愿是否发生显著变化？

②在可接受的价格区间内，撇脂定价、适中定价、渗透定价不同价格水平策略下，参考价格、获得价值、交易价值、感知质量对消费者购买意愿的影响机理及其变化。

③在最优价格水平策略下，整合价格框架和分离价格框架不同策略时，消费者的购买意愿是否发生显著变化？

(2)针对文化类富媒体图书，在消费者可接受价格区间内，在撇脂价格策略下不同价格框架策略时，参考价格、文化价值、获得价值、交易价值、感知质量对文化类富媒体图书购买意愿的影响，具体研究内容如下。

①在撇脂价格策略下，整合价格框架和分离价格框架不同策略时，消费者的购买意愿是否发生显著变化？

②在撇脂价格策略下，整合价格框架和分离价格框架不同策略时，如消费者的购

买意愿发生显著变化，参考价格、文化价值、获得价值、交易价值、感知质量对消费者购买意愿的影响机理及其变化。

③在撇脂价格策略下，如分离价格框架策略不但能显著提升消费者的购买意愿而且能实现消费的提质升级，即文化价值、获得价值、感知质量等核心价值要素对购买意愿的影响更强更直接，则如何设定纸质图书价格 P_A 和富媒体资源 P_B 能实现生产商利润的最大化？这样有利于从促进文化创新产品高质量消费的视角和生产商利润最大化视角全方位评价价格框架效应。

（3）针对文化类富媒体图书，消费者可接受价格区间外，较高价格水平条件下，文化价值和参考价格两个核心变量是如何影响购买意愿的？

①文化价值和参考价格两个核心变量是否都显著影响购买意愿，有无交互效应？

②文化价值和参考价格两个核心变量是否一个（如文化价值）显著影响购买意愿，另一个变量（如参考价格）产生调节效应？

1.3.2 论文的结构安排

依据研究内容，本书将从以下 6 章具体展开。

第 1 章为绪论，主要描述研究问题的实践背景和理论背景，并由此提出研究的主要问题，以及研究问题的实践意义和理论意义；随后对国内外相关学术研究进行了文献综述和评价；进而明确本书的研究对象、研究内容、各章结构和内容安排，以及本书将要采用的研究方法和技术路线。

第 2 章为理论基础和模型构建，主要以计划行为理论、前景理论、交易价值理论为理论基础，构建非文化类富媒体图书购买意愿研究模型和文化类富媒体图书购买意愿研究模型；并界定模型中涉及的参考价格、文化价值、获得价值、交易价值、感知质量、购买意愿等相关概念；最后提出本书的基本假设模型和调节效应模型。

第 3 章为研究设计，主要包括模型中涉及概念的测量与检验，明确参考价格、文化价值、获得价值、交易价值、感知质量、购买意愿各个潜变量的测量题项；明确问卷设计和数据收集方法；进行各个变量的探索性因子分析；进行各个变量的验证性因子分析并进行信度和效度检验。

第 4 章为非文化类富媒体图书购买意愿假设模型检验，以高等教育富媒体教辅图书为例，在可接受的价格区间内以渗透价格策略、适中价格策略、撇脂价格策略为实验因素，利用实证分析方法研究参考价格、获得价值、交易价值、感知质量对购买意愿的影响及其变化。

第 5 章为文化类富媒体图书购买意愿假设模型检验，以文化类富媒体图书为例，在可接受的价格区间内撇脂价格水平策略下以整合价格框架策略和分离价格框架策略为实验因素，利用实证分析方法研究参考价格、文化价值、获得价值、交易价值、感知质量对购买意愿的影响及其变化；利用数学建模的研究方法分析分离价格框架策略下，如何设定价格 P_A 和 P_B 实现生产商利润的最大化；以可接受的价格区间外较高价格水平为实验因素，分析参考价格和文化价值对购买意愿影响的不同模式。

第 6 章为结论与展望，明确本书的结论、管理启示、创新点和对未来研究的展望。

1.3.3 研究方法

本书涉及的理论问题和研究内容比较复杂，力求严谨地解决问题和确保研究结果的稳健性和可靠性，需要使用多种研究方法。

（1）文献研究，是指整理、阅读、研究已有相关文献，发现解决实践问题的理论基础、凝练更加准确的科学概念、提炼科学的研究问题。通过文献研究发现：参考价格对消费者购买意愿存在显著影响，但参考价格及其作用机理与产品类别密切相关；同时富媒体图书作为一种文化创新产品，具有文化价值和经济价值的二元性。因此，必须从参考价格和文化价值两个视角，构建新的理论模型来研究富媒体图书的购买意愿。

（2）规范研究，是指通过对已有理论的逻辑分析，提出相关概念之间可能存在的假设关系。本书通过对参考价格、文化价值等概念的界定，并经过严谨的逻辑推理，解释这些概念之间为什么以及如何相关，最后在计划行为理论、前景理论、交易价值理论等基础上提出假设模型，假设是对研究问题的暂时回答，回答对错需要实证检验。

（3）实验研究，本书采用实验研究的方法，模拟消费者购买富媒体图书的决策场景，采用组间设计即把不同的被试分配到不同的实验水平上，检验不同价格水平策略下和不同价格框架策略下消费者购买意愿的变化是否显著。

（4）实证研究，是指利用实际获得的实验数据通过一定的分析工具和方法，检验理论模型和假设是否成立。本书利用演绎研究，通过实验和问卷调查获得数据，利用回归分析、结构方程等统计检验方法，借助 SPSS21.0、AMOS17.0、MPLUS7.0 等统计分析工具进行相关理论模型和假设的统计检验，并对检验结果进行分析和解释。

（5）数学建模，数学模型可以通过数学的概念、方法对研究问题进行深入分析。本书利用数学优化的方法研究分离价格框架策略下，如何设定价格 P_A 和 P_B 以实现生产商利润的最大化，并从数学建模的角度验证分离价格框架策略优于整合价格框架策略。

1.3.4 技术路线

本书首先基于实践背景和理论背景提出了研究的问题，并通过梳理和分析已有研究文献，对影响富媒体图书购买意愿的主要因素的最新研究进展进行了总结和评述，而后明确了具体的研究对象和研究内容；其次，以计划行为理论、前景理论、交易价值理论为理论基础，构建了富媒体图书购买意愿假设模型并提出相关假设；最后，通过实证分析具体研究了不同价格水平策略下“非文化类富媒体图书购买意愿假设模型”和不同价格框架策略下“文化类富媒体图书购买意愿假设模型”是如何动态发挥作用的，以及参考价格和文化价值两个核心要素在消费者可接受的价格区间外较高价格水平下是如何动态影响文化类富媒体图书购买意愿的。本书详细的技术路线如图 1.19 所示。

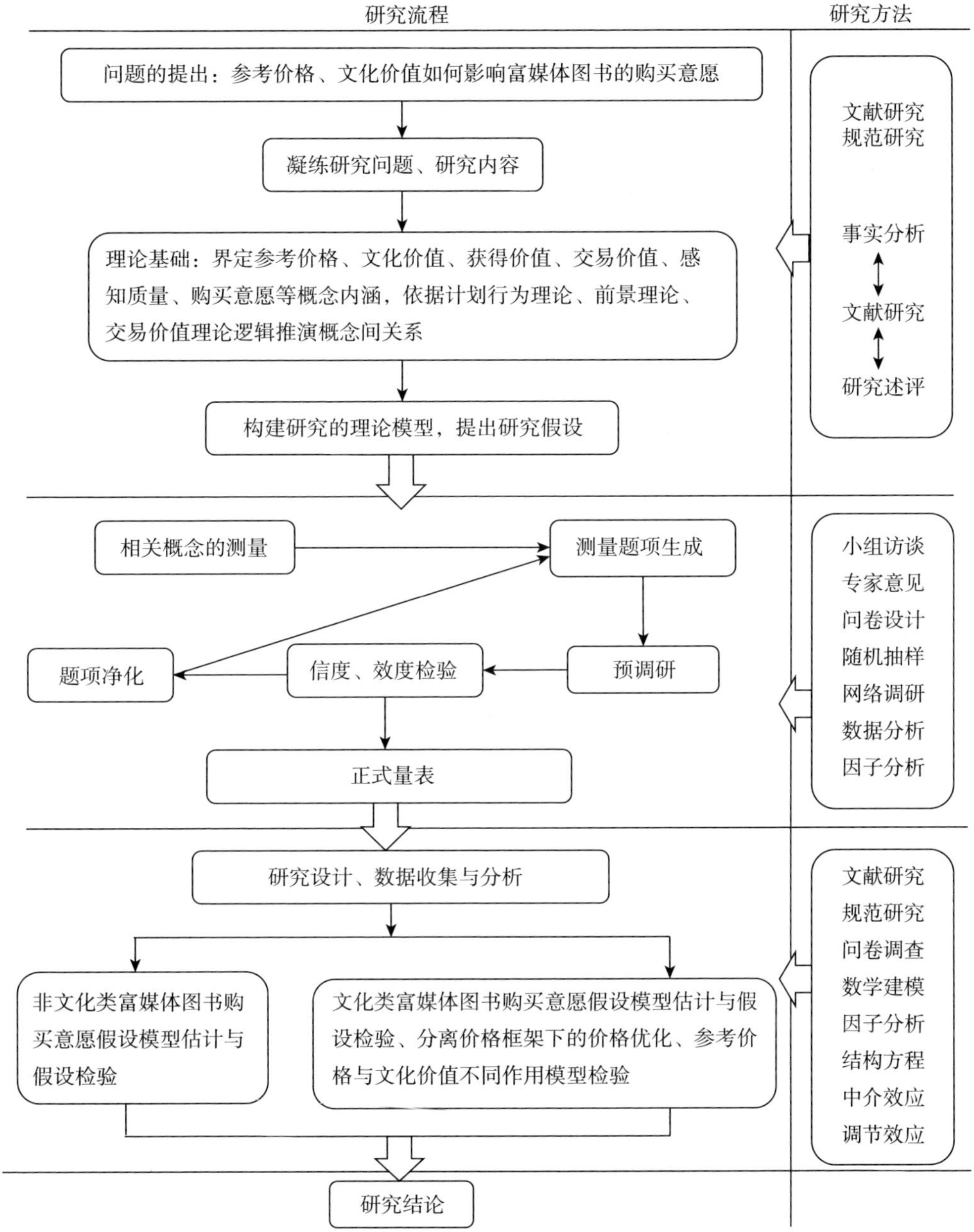

图 1.19　研究的技术路线

Figure 1.19　technical route of study

2 理论基础和模型构建

在深入分析了参考价格、文化价值、感知价值以及价格环境的变化对富媒体图书购买决策影响的基础上，本章将以计划行为理论、前景理论、交易价值理论为依据，构建参考价格、文化价值对富媒体图书购买意愿影响的系统模型并提出相应假设模型。

2.1 理论基础

基于消费者理性决策的购买行为可以分为需求识别、信息收集、选择评估、购买决策、购后评价五个阶段。国内外的学者基本一致地认为购买意愿处于消费者购买行为五阶段中的购买决策阶段，此时消费者心中已有品牌偏好，通过收集信息和比较评估产生购买意愿，此时若没有其他情况出现，消费者就会实施购买行为。

富媒体图书作为一种文化创新产品，与传统纸介质图书相比，出版社品牌、作者等因素均相同而价格却不同，产品形态、内容及组织形式均有所创新。当消费者产生阅读需求后，是购买富媒体图书还是购买纸介质图书，基于二者比较的基础上需要信息收集、选择评价，最后才会做出购买决策。选择评价就是消费者基于主观认知对富媒体图书和纸介质图书的相关信息进行感知、权衡的心理过程，权衡后当消费者对富媒体图书的购买意愿更强烈时，就可能产生购买富媒体图书的行为。

2.1.1 计划行为理论

行为意愿是从事某特定行为的自发性计划的强度，在没有其他特定环境因素影响个人的行为计划时，个人从事该特定行为的意愿越强，则越可能从事该行为。计划行为理论是社会心理学中最著名的态度行为关系理论，该理论认为行为意愿是影响行为最直接的因素。

Ajzen 在 1991 年提出的“计划行为理论”认为行为意愿是影响行为最直接的因素，该理论从信息加工的视角、以期望价值理论为出发点解释了个体行为的决策过程。“计划行为理论”认为行为意愿不但是影响行为的最直接近因,而且行为意愿又受行为态度、主观规范和知觉行为控制的影响,态度越积极、重要他人支持越大、知觉行为控制越强,行为意愿就越强,反之就越弱。行为态度是个体对执行某特定行为喜爱或不喜爱程度的评估;主观规范是指个体在决策是否执行某特定行为时感知到的社会压力,它反映了重要他人或团体对个体行为决策的影响;知觉行为控制是指个体感知到执行某特定行为容易或困难的程度,它反映了个体对促进或阻碍执行行为因素的知觉。行为态度、主观规范和知觉行为控制均受到个人信念的影响。行为态度受到行为的收益以及结果信念的影响,收益信念是消费者对行为未来收益的看法,感知结果是消费者对决策后可能出现结果的预估;主观规范受到规范信念以及行为动机的影响;知觉行为控制受到感知控制和感知便利的影响,感知控制指感知完成行为所必需的资源和机会存在或缺乏的程度,感知便利指人们对有关实现任务所需资源重要性评价。行为态度、主观规范和知觉行为控制有时可能拥有共同的信念基础,因此它们既彼此独立又两两相关,同时个人信念与个体自身特征以及外部环境存在一定的相关性。“计划行为理论”的结构模型图如图 2.1 所示。Ajzen 认为行为态度和知觉行为控制是影响行为的主要因素,而主观规范与行为意愿的关系相对较弱。

TPB 理论假定人们是理性的,在决策过程中会系统使用可获得的信息,如果行为处于非个人意志完全控制下,此时行为不仅受行为意愿的影响,还受执行行为的个人能力、机会以及所需资源等实际控制条件的制约,即知觉行为控制可直接预测行为发生的可能性(如图 2.1 中虚线所示),但在实际控制条件充分的情况下,行为意愿直接决定行为。无论是纸介质图书还是富媒体图书的购买或阅读,对消费者而言都是个人意志能完全控制的行为,因此,购买意愿能直接决定购买行为。

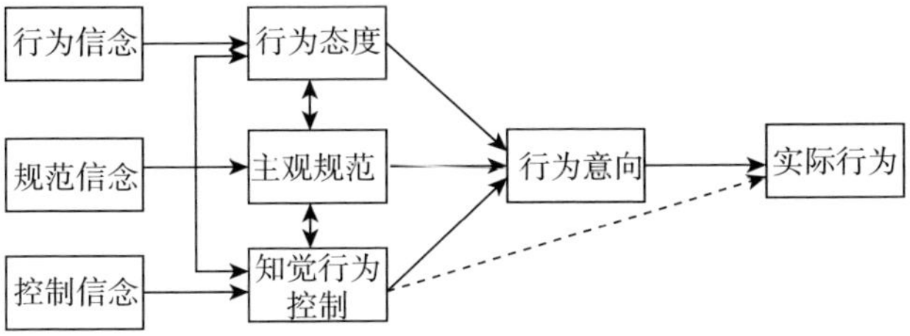

图 2.1 计划行为理论结构模型

Figure 2.1 theoretical structure model of planned behavior

元分析研究结果表明行为态度、主观规范和知觉行为控制可分别解释 27%的行为方差和 39%的行为意向方差,这说明计划行为理论具有良好的解释力和预测力。

文化产品不同于一般产品,文化本身具有无形性特征,文化产品又兼具私人产品和公共产品属性,因此标准的价格机制不能完全解释消费者购买行为,文化产品所蕴含的价值则至关重要。Andy 等学者在总结了计划行为理论(TPB)、价值-信念-规范(VBN)等理论的基础上,认为消费者对文化产品的偏好和行为倾向可能由三条路径决定:① *LVs*(潜在的价值变量)路径,如价值观、信念、态度等总的或与特定行为密切相关的因素的影响;② *SDs*(社会人口统计变量)路径,如性别、年龄、学历等因素的影响;③ H(习惯)路径,即行为习惯的影响。但 Ajzen(2002)认为,行为习惯是通过影响个体对行为控制和胜任能力的知觉影响行为,所以知觉行为控制可以被视作行为习惯与行为意愿和行为的中介变量,同时认为以往研究中的行为经验不能代表行为习惯,行为经验只有暂时的稳定性而且行为经验与行为意向和行为的关系可能因测量方法不当所致。

Andy 等学者也认为行为习惯不属于认知行为的范畴,理论研究的重点应是 *LVs*(潜在的价值变量)路径和 *SDs*(社会人口统计变量)路径是如何影响认知行为倾向的,故行为习惯路径在其研究中也没有深入讨论。Andy 等学者针对 *LVs* 路径和 *SDs* 路径得出如下结论:①消费者的行为倾向主要由 *LVs* 路径决定;②或者消费者的行为倾向主要由 *SDs* 路径决定;③ *LVs* 路径和 *SDs* 路径的重要性呈相反关系(如图 2.2 所示)。

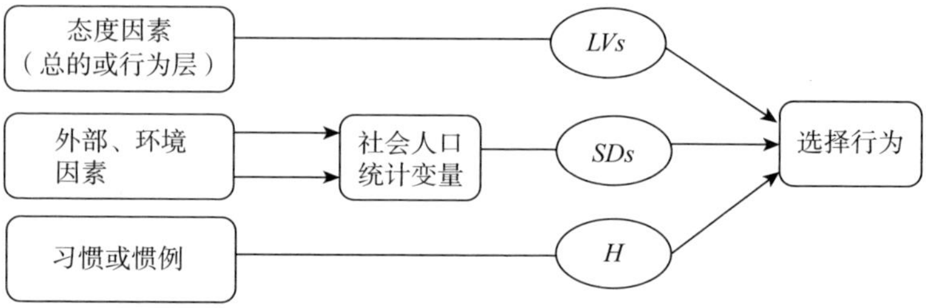

图 2.2 选择行为的因果关系

FIG. 2.2 causal relationship of selection behavior

索罗斯比(2013)也认为,"价值是文化消费和文化政策的基础"。从图书消费角度看,消费者的购买行为受外部环境和消费者自身特征的影响应较小,是否购买图书应主要取决于图书带给消费者的利益和价值,即 *LVs*(潜在的价值变量)对消费者偏好和购买决策的影响应是显著的。

LVs（潜在的价值变量）主要包括通常意义上的消费者价值观和与特定行为相关的信念和态度。一般意义上讲，具有喜爱阅读价值观的消费者更可能购买图书，但具体购买什么类别、什么形式的图书，主要取决于消费者对该图书能给其带来哪些利益的主观感知，消费者关于感知利益的信念应是 *LVs*（潜在的价值变量）的核心。富媒体图书相对于纸介质图书而言，是一种形式和内容均有创新的文化创新产品，消费者对富媒体图书的购买意愿应主要由消费者对富媒体图书能给其带来哪些利益的主观感知决定。计划行为理论也认为有关利益的信念是态度的主要影响因素，消费者对待商品的态度是消费者基于主观标准对商品价值的判断，是消费者主观的认知和看法。

计划行为理论假定行为发生是从信念到信念评估然后激发行为意愿并最终产生行为的理性过程。上述理论表明，意愿是行为的前因变量，是导致个体行为的直接原因，研究富媒体图书的购买行为，不仅应以购买意愿为出发点，而且应深入研究影响消费者购买意愿的感知利益信念。段文婷和江光荣（2008）认为，计划行为理论具有良好的解释力和预测力，是许多研究的良好理论基础，但由于还有相当大部分的行为和行为意愿不能被主要变量解释，因此，还应结合其他理论寻找其他变量以提高行为和行为意愿的解释力。

2.1.2　前景理论

计划行为理论（TPB）源于理性行为理论，认为行为意愿是影响行为最直接的因素，但理性行为理论是以期望价值理论为出发点解释个体行为的决策过程，并假定消费者是理性的，在决策过程中会系统使用可获得的信息。

但现实生活中，由于消费者偏好异质性、信息不完全不对称、消费者信息处理能力的差异性等因素广泛存在，人们往往无法做出最优决策。Monroe（1973）认为，除了经济性因素还有深层次的心理因素等诸多因素都会影响消费者对产品价值和价格的感知。如 Bar 等（2008）在购买决策的心理模型中指出，大脑不断产生在特定情境下对于期望的预测，这些预测连续且迅速，而且与新输入事物和存储在记忆中最相近相熟悉事物的相似之处密切相关，为了快速获得这些预期，大脑依靠令人惊讶的微量信息，神经回路不断将信息转换成印象、偏好、判断和预测。

1979 年，Kahneman 和 Tversky 在 *Econometrica* 期刊发表了一篇论文“Prospect

Theory: An Analysis of Decision under Risk”，将很多影响决策的心理因素整合成“前景理论”，该论文有两个贡献，一是发现实验对象的行为系统偏离了期望价值理论的预测；二是构建新的风险态度模型——前景理论。2002 年，Kahneman 基于对前景理论的贡献获得了诺贝尔经济学奖，行为经济学也成为一个新的热门研究领域。

前景理论将人的决策过程分为编辑和评估两个阶段。编辑阶段是指事件的发生以及人们对于事件的有关信息进行收集整理的过程，而且为了评估阶段的需要，往往要对数据进行整合简化；评估阶段是指人们运用所掌握的相关信息对该事件的前景进行估算并最终选择估值最高的前景。

前景理论的价值函数 $V(x)$ 是一个主观价值函数，它表现为一条“S”形曲线，是一条经验曲线，它有一个参考点，该参考点的位置取决于决策者的主观感知或预期，决策者的收益或价值是定义在相对于参考点的获得和损失的基础上的，并以高兴机制为基础，即获得会产生高兴、损失会产生痛苦（X=实际值-参考值）；获得对应的价值函数是凹函数，损失对应的价值函数是凸函数，即 $V''(x>0)<0$，$V''(x<0)>0$；损失对应的价值函数比获得对应的价值函数更陡峭，即 $V(x)<-V(-x)(x>0)$（如图 2.3 所示）。前景理论应用广泛，如风险决策的金融、保险领域。

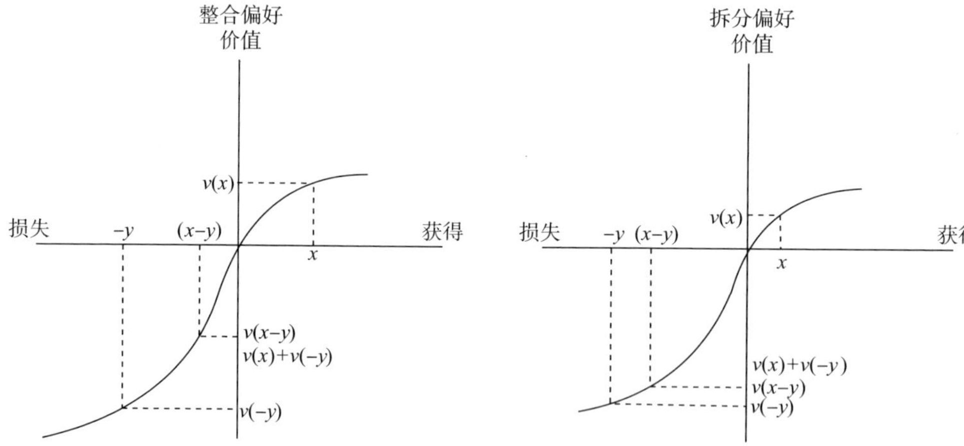

图 2.3　前景理论价值函数

Figure 2.3　prospect theoretical value function

但在无风险决策领域，例如在消费选择、消费者行为领域应用前景理论，主要有如下 4 个核心准则。

（1）参考依赖，也是前景理论最重要的本质特征。前景理论认为，消费者的购买决策与相对于某一参考点的获得或损失相关，因此如何表达（或框架）相对于参考点的价格和利益（或损失）可以影响消费者的购买决策。消费者在决策时点的福利状态与参考点密切相关，消费者评估未来决策的结果首先在心理上把未来决策的结果分成相对于参考点的获得或损失。这个“参考点”可能是消费者目前对产品和财富禀赋的满意度水平，也可能是最近市场上见到的价格，或是他们发现某个产品需要更换之前的最近状态，“参考点”可以被视作“感知到的现状”。参考点的确认也是应用前景理论的难点，是目前及未来研究的重点，也是应用前景理论的关键性挑战。

（2）损失厌恶。损失对应的价值函数比获得对应的价值函数更陡峭，说明决策时损失重于收益，即与等量获得产生的高兴相比，等量损失产生的痛苦更大。产品价格本身代表损失，但前景理论认为的损失还包括支付比预期价格更高的价格或获得比预期更少的利益；同理，产品本身能带来利益，但利益还包括支付比预期价格更低的价格或获得比预期收益更多的利益。前景理论的损失厌恶准则意味着营销工作更应强调产品的直接利益和潜在利益。

（3）敏感性递减。获得对应的价值函数是凹函数，损失对应的价值函数是凸函数，这说明当远离参考点的收益或损失增加时，消费者对收益或损失的绝对值的敏感性将降低，如以 100 元的价格为参考点，价格 110 元相对于参考点的损失是 10 元，价格 120 元相对于 110 元的损失也是 10 元，但消费者对该相同损失的敏感性将降低。

（4）框架效应。前景理论的价值函数表明，相对于参考点的获得应该分解，而相对于参考点的损失应该整合，即当 $x>0$ 且 $y>0$ 时，$V(x)+V(y)>V(x+y)$；当 $x>0$ 且 $y>0$ 时，$V(-x)+V(-y)<V(-(x+y))$。Thaler（2008）进一步研究认为，混合获得时应该整合，即当 $x>0$ 且 $y>0$ 且 $x>y$ 时，$V(x)+V(-y)<V(x-y)$；混合损失时，即当 $x>0$ 且 $y>0$ 且 $x<y$ 时应视 x 和 y 相对大小的差异情况而定（如图 2.3 所示），如果小的获得与大的损失差距巨大（如（40 元，−6 000 元））则分离价格框架占优 $V(x)+V(-y)>V(x-y)$，如果小的获得与大的损失差距不大（如（40 元，−50 元））则整合价格框架占优 $V(x)+V(-y)<V(x-y)$。

前景理论对消费者购买决策具有多重影响，主要有 4 个效应。

（1）参考价格效应，消费者对当前产品价格的评价受其内部参考价格的影响，当前价格高于内部参考价格会抑制需求，当前价格低于内部参考价格会激发需求。参考价格效应及其对消费者交易价值和感知价值评价的影响详见 1.2.2 节内容。

（2）锚定效应，前景理论认为在决策的编辑阶段，人们对于事件的有关信息进行收集整理并建立一个期望，而且这个期望很难改变，这就是锚定效应。研究发现在由60位汽车专家参与的二手车价值评估研究中，当中立者给出3 800美元的价格锚后，专家们对车的平均估值为3 563美元；当中立者给出2 800美元的价格锚后，专家们对车的平均估值降至2 520美元，锚定效应是一种根深蒂固的本能反应，难以避免。锚定不仅影响对价格高低的感知，也影响对利益的感知。Simonson（2004）研究发现，锚定效应会显著影响消费者的支付意愿（WTP），而且交易的不确定性越高，锚定效应越显著。

（3）比较组效应，对于一个特定的购买机会，某产品加上正在考虑的类似替代品，会形成一个比较组，当比较组内的某些产品价格较低时，消费者的价格预期将降低；当比较组内的某些产品价格较高时，消费者的价格预期将提高。比较组效应也可用于考虑比较利益来转移公司的竞争维度，提供更高质量产品的公司可以鼓励消费者重点比较产品的耐用性、效率等指标，从而获得更高的销售额。从中国的传统文化看，人们潜意识里就有“不怕不识货，就怕货比货”的消费思想。Payne等（1992）研究发现，当消费者评价目标选项时，不仅会考虑目标选项属性的绝对水平，还会考虑目标选项在选择集中与其他选项的相对位置。如当向选择集中增加一个极端选项时，会增加对折中选项的选择偏好，即折中效应。

（4）最终利益效应，消费者购买产品的本质不是因为产品的内在属性，而是因为他们相信该产品将帮助其完成目标。若帮助消费者按他们真正想要的最终利益给产品设定框架，消费者的价格敏感性将有所降低。最终利益效应是对前景理论强调收益和减小损失的直接扩展，利用框架把产品塑造为最终利益的主要贡献者能降低消费者的价格敏感度。“手段-目的链”理论也认为消费者的消费动机反映了消费者的终极价值、消费结果和产品属性之间的相互联系的阶层关系。Woodruff（1997）认为感知价值可分为产品属性层、消费结果层与终极价值层，它们描述了消费者进行价值评价的具体路径，而终极价值层是消费者的终极目标和核心利益。

前景理论应用广泛。我国学者张全成等（2012）研究发现，企业可以运用锚定效应，通过对比性价格广告或价格标签建立锚定价格，从而改变消费者内在的价格参考点，增加消费者对价格的感知价值；而且受框架效应影响，在企业产品价格变动时，应视不同情况决定到底是用绝对降价方式还是相对降价方式；最后，基于多重收益和多重损失理论，企业可以通过特定定价策略改变消费者支付方式，或通过改变组合产品定价方式,增加消费者价格支付的幸福感。

Barberis(2013)对前景理论的发展进行了回顾和评价。前景理论诞生后的很长时间内,其知名度很小、实践应用也很少,其主要原因是如何准确应用该理论是个难点;最近十年许多行为经济学家致力于前景理论的应用研究,直到最近几年才取得了一些真正的成果;从现在开始,未来的十年,前景理论在其他领域的应用(消费选择、消费者行为)可能会赶上甚至超过在金融领域的应用,这对前景理论的拓展意义非凡,但应用前景理论的关键性挑战是"参考点的确认",这是目前及未来的研究重点。

2.1.3 交易价值理论

Woodruff(1997)研究认为,在进行购买决策时,消费者会预先形成对产品属性、产品功效和实现目的意图的偏好和预期,并在此基础上对实际产品提供的相应价值进行主观评价,当消费者感知实际产品提供的价值大于预期时,就会产生满意的态度激发购买意愿,进而产生购买行为。消费者首先要经过对产品及相关信息的感知,进而形成价值判断,即感知心理活动是消费者决策的开始。

Zeithaml(1988)研究认为,感知价值是顾客在购买产品或服务而给自己带来利益的感知与为了获得该产品或服务而付出的成本感知之间进行权衡后对产品或服务效用的总体评价,而且感知价值是感知质量影响购买意愿的重要中介变量,顾客购买决策与感知价值紧密相关。在企业为消费者设计、创造、提供价值时应该从消费者导向出发,把消费者对价值的感知作为决定因素。

门罗(2005)认为,感知价值是消费者对交易中感知到的获得利益和支付产品价格感知到的货币牺牲之间在精神上的一种权衡,感知利益是感知质量的函数,同价格正相关,感知牺牲同价格也正相关(如图2.4所示),感知价值是交易提供价值影响消费者购买意愿的一个重要中介变量,购买意愿同感知价值正相关,消费者感知价值越高购买意愿就越强,就越容易表现出购买甚至重复购买的消费行为。

感知价值不但是企业竞争优势的源泉也是消费者购买意愿的一个重要前因,这已成为理论共识,当消费者面临众多待选品牌时,将选择购买感知价值最高的那个品牌。图2.4所示模型表明了实际价格对感知质量、感知货币牺牲、感知价值和购买意愿的影响,价格同感知质量和感知货币牺牲都正相关说明消费者可能将价格作为感知质量的指标,同时也将其作为感知货币牺牲的指标,价格所具有双重性和相互矛盾的属性使其对于消费者而言兼具吸引力和排斥力。而且,价格的重要性体现在相对价格而非绝对价格，消费者对价格的判断和感知受到实际价格和参考价格之间感知到的差异的影响，消费者对价格的感知来自他们对该价格差异的解释（真实的或推理的）和消费者对价格本身及价格环境的理解，消费者可能将价格信息进行不同的编码（如表 2.1 所示）。因此，Zeithaml（1988）和门罗（2005）都认为，消费者将实际价格转化为不同的价格感知进而影响消费者的购买决策，如图 2.5 所示。

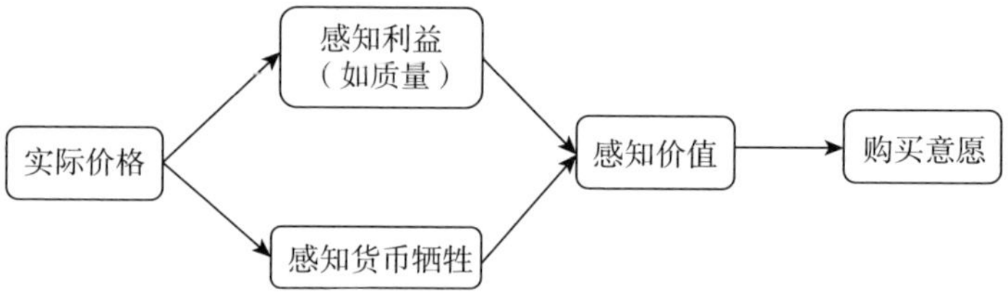

图 2.4 价格、感知价值与购买意愿之间的关系

Figure 2.4 relationship between price, perceived value and purchase intention

表 2.1 价格信息的编码方式

Table 2.1 encoding method of price information

价格信息的形式	编码示例
价格与质量的权衡	产品 100 元的价格不便宜，但还是值得买
价格对比	新款产品比旧款贵了 100 元
利用价格信息	我先看看 100 元的价格是否超出了预算？
价格判断	新款产品比旧款贵了 100 元是不公平的
价格信号	产品 100 元的价格太便宜了，质量会好么？

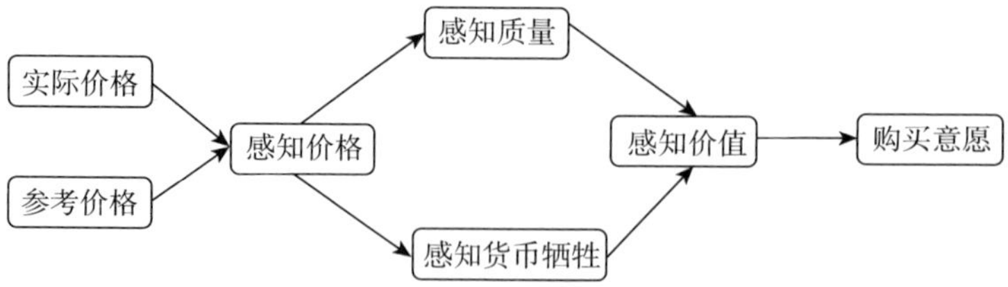

图 2.5 感知价格-感知价值模型

Figure 2.5 perceived price - perceived value model

很多情况由于信息不对称，消费者缺乏判断产品质量的内在完备信息，因此更相信价格和质量之间存在正向的相关性，但高价格也提高了消费者感知货币牺牲，因此，消费者不仅评价产品的价值，还会评价价格本身是否公平、是否有价值。

Xia 等（2004）研究认为，与感知价格是有利的不公平或公平时（如实际价格低于或等于参考价格）相比，当消费者感知价格是不利的不公平时（如实际价格高于参考价格）会增加感知货币牺牲进而降低感知价值，最终影响消费者行为，如图 2.6 所示。

2017 年诺贝尔经济学奖得主 Richard（2008）基于前景理论提出了交易价值理论，该理论认为一项经济交易中，消费者的感知价值可被分解成获得价值（*AV*）和交易价值（*TV*），获得价值是对产品或服务本身的价值感知，其是物有所值的价格（P_{value}）和销售价格 p 的函数，而且该价值被编码成整合的结果即 $AV(P_{value}-p)$，其结果对消费者而言不是损失而是获得；交易价值是对交易价格、交易方式、交易条件、交易过程等交易本身的价值感知，是参考价格（*RP*）（如公平的价格 P_{fair} 和期望的价格 P_{expect}）和销售价格 p 的函数，而且该价值被编码成参考的结果即 $TV(-p:-IRP)$，即销售价格 p 的价值是参照 *IRP* 而言的，其结果对消费者而言是一种相对的获得或损失。消费者总的感知价值由获得价值（*AV*）和交易价值（*TV*）两部分组成（见公式（2.1）），二者共同影响消费者的购买意愿和购买决策。β 为 0 时，是标准的感知价值理论；β 大于 1 时，交易价值对“病态的”的消费者很重要，甚至会忽略产品本身的使用价值。“双十一”网络购物的火爆表明有些“剁手党”就是为了交易价值而购买的。

$$w(z,p,p^*)=v(\bar{p},-p)+v(-p:-p^*)=v(\bar{p}-p)+\beta v(-p:-p^*) \tag{2.1}$$

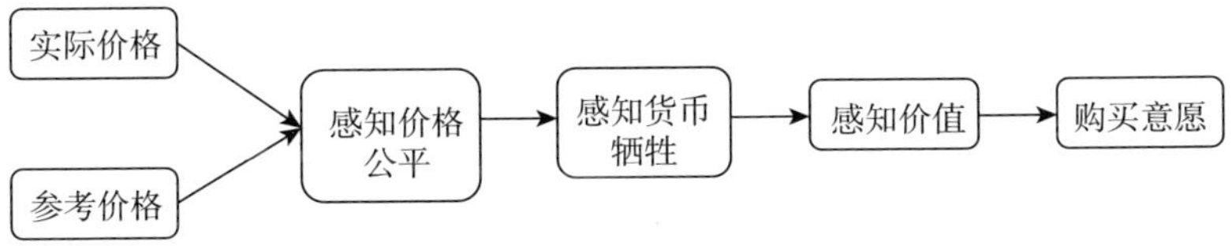

图 2.6 感知价格公平-感知价值模型

Figure 2.6 perceived price fairness - perceived value model

消费者会通过比较销售价格和参考价格，从财务视角来评价交易本身的价值，交易价值是获得价值之外的一种价值，是消费者从财务视角评价交易价格而感知到的心理上的满意或失望，交易价值可以为正，也可以为负。Richard（2008）提出的交易价值理论中，正向影响获得价值的物有所值的价格（P_{value}）和正向影响交易价值的公平的价格 P_{fair} 或期望的价格 P_{expect} 都属于判断型的参考价格，因此，交易价值理论如图 2.7 所示。

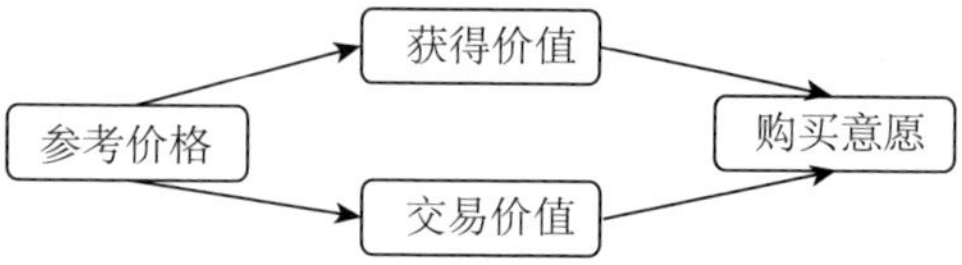

图 2.7　参考价格-购买意愿模型

Figure 2.7　reference price - purchase intention model

依据计划行为理论以及前景理论的最终利益效应，收益信念是消费者对行为收益的感知和看法，即感知利益是消费者对产品性能、价格、质量、服务等所感知到的利益。前景理论中的参考价格作为消费者评判产品价格的心理标准既可理解为消费者的“价格态度”（如公平的价格（P_{fair}））属于 *LVs*（潜在的价值变量）的范畴，同时参考价格又代表消费者对产品价值对应价格的判断，如物有所值的价格（P_{value}）。因此，感知利益和参考价格都应是直接影响消费者购买意愿的关键变量。结合交易价值理论，可得如图 2.8 所示的理论模型。同时依据前景理论，模型中的各个概念都应是参考依赖的，具有比较组效应，是富媒体图书与纸介质图书相比较而产生的各种感知。

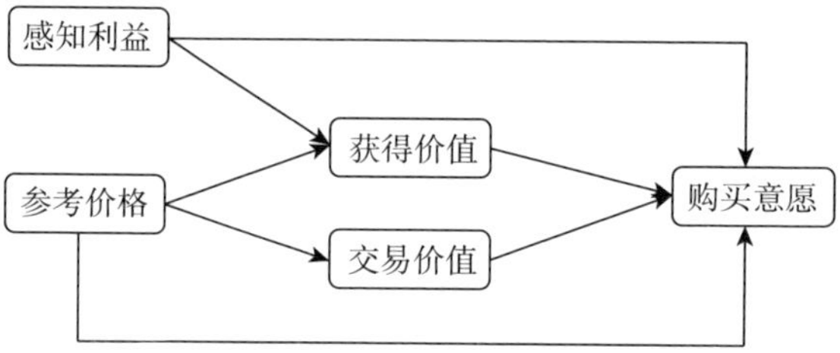

图 2.8　参考价格-感知利益-购买意愿模型

Figure 2.8　reference price - perceived benefit - purchase intention model

2.2　理论模型

依据计划行为理论、前景理论、交易价值理论，感知利益和参考价格不但直接影响消费者的购买意愿，还通过影响获得价值和交易价值进一步影响购买意愿。针对不同类别的富媒体图书，感知利益的核心也有所差别。同时，消费者对价格、利益、价值、购买意愿的感知和判断显著受到产品信息和价格信息的影响。因此，需要进一步丰富本书的理论模型。

2.2.1 非文化类富媒体图书理论模型构建

感知价值是一个基于消费者主观感知的概念，是消费者基于感知利益与感知牺牲两者之间的心理权衡，它反映了消费者对待产品或服务的态度和评价。门罗（2005）认为，感知利益是感知质量的函数。

Zeithaml（1988）研究认为，感知质量是消费者对产品的各种优越性累加的主观评价。感知质量不是客观的实际的产品质量，它是一个比产品属性更高层次的多维度的抽象概念，它与态度类似，是对产品整体的评价，同时质量的主观评价是发生在一个备选集合中产品比较情境下的。消费者对感知质量的评价可视作对产品质量的信念和态度，属于“*LVs*（潜在的价值变量）”的范畴，基于计划行为理论，感知质量也将直接影响消费者购买意愿。

感知质量的具体水平是消费者对于产品或服务的内外属性进行感知的结果，而且在产品内在属性很难评价（例如服务）的同时，消费者初次购买时，或产品内在属性的评价需要花费大量的时间和精力而消费者却认为不值得时，或质量本身难以评价（如体验产品和信用产品）时，消费者更依赖外部属性（如价格）来推断产品质量。富媒体图书作为一种文化创新产品，消费者缺乏历史消费体验，很难评价产品质量，而且富媒体图书还是一种体验产品，消费者更可能利用价格推断产品质量，高于消费者预期的价格水平往往暗示质量也高于预期，高于预期的质量被消费者编码为一种“质量获得”。感知质量不但是感知价值中感知利益的重要组成因素，而且感知质量可以通过感知价值进而影响消费者的购买意愿，感知质量的理论模型如图 2.9 所示。

图 2.9 感知质量-购买意愿模型

Figure 2.9 perceived quality - purchase intention model

感知是消费者搜集、选择、组织并解释信息的过程，是一个有选择性的特殊心理过程，在感知过程中消费者更容易记住与自己态度和信念相一致的信息。心理学研究表明，与目前需求相关的信息、预期将要出现或等待出现的信息、变化大的信息更易引起消费者的注意。因此，消费者对价格、质量、价值、购买意愿的主观感知都必须基于特定的信息环境，而富媒体图书的产品信息和价格信息无疑是消费者最为关心的。张明立等（2005）认为：感知价值具有主观性和个体性特征，是消费者主观感知的,是其心中的价值,因人而异;也具有情境依赖性特征,即感知价值与产品的特定使用情景高度相关,如果使用情景发生变化,产品属性、结果和目标及其相互之间的联系也会发生相应的改变;还具有动态性特征,感知价值会因时间因素、需求因素、触发事件因素、互动因素而发生动态变化。这些特征说明感知价值的判断必须基于特定的信息环境。消费者参考价格的形成也是消费者通过对外部价格环境信息的体验和判断形成的内在心理感知,也是内在的、动态的、多变的。综合上述理论,针对本书中的非文化类富媒体图书(不具有文化价值的富媒体图书),研究的理论模型如图 2.10 所示。

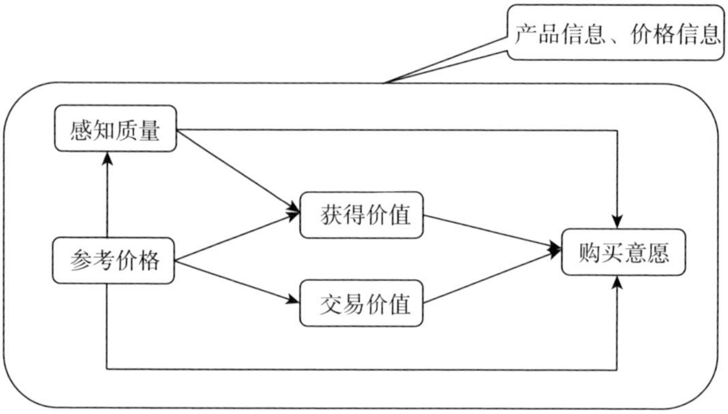

图 2.10　非文化类富媒体图书理论模型

Figure 2.10　theoretical model of non-cultural books

2.2.2　文化类富媒体图书理论模型构建

针对本书中的文化类富媒体图书,因其对精神的、审美的或对提高社会文化认同的贡献而具有文化价值,文化类图书的消费不仅追求高质量,更是为了满足消费者的精神文化需求,而且阅读往往服务于一个更大的沟通目的。文化价值是文化类富媒体图书区别于其他产品的显著特征,是文化之所以为文化的基本属性和内涵。文化价值是文化类富媒体图书的核心利益和消费的终极目标,是文化类富媒体图书的文化内容和精神因素对人与社会的生存发展所具有的作用、影响、意义。

文化类富媒体图书的文化价值很难在市场交换中进行等价计量,而且社会主义市场经济体制下的文化产品,应当具有文化价值和经济价值双赢、社会效益与经济效益双效的价值取向。2018 年,中央全面深化改革委员会审议通过的《关于加强和改进出版工作的意见》,明确提出“着力构建把社会效益放在首位、社会效益和经济效益相统一的出版体制机制”。

文化类富媒体图书的文化价值和感知质量对消费者而言都是一种重要的收益,但二者对消费者的重要性却存在差别。“手段-目的链”理论认为消费者的购买目的反映了消费者的价值取向,产品属性是达成目的的一种手段,目的可能是一种结果或者一种核心的终极价值,而且终极价值、消费结果和产品属性之间是一个相互联系的阶层关系。文化类富媒体图书的文化价值正是图书内容及其精神因素对消费者及社会所具有的意义的反映,因此,文化价值就是文化类富媒体图书消费终极目标的反映,是文化类富媒体图书消费的终极价值。消费结果反映了消费者在特定情境下消费经历(或预期)的结果,可能是价格结果、质量结果、情绪结果、社会结果,它们是实现终极价值的途径。文化类富媒体图书的感知质量、交易价值、获得价值都是消费者在文化类富媒体图书与纸介质图书比较情境下对质量结果、价格结果、价值结果的一种预期和感知。

Woodruff(1997)基于“手段-目的链”理论提出了顾客价值层次模型(如图 2.11 所示),认为顾客价值是顾客在一定的使用情境中对产品属性、属性功效以及使用结果达成(或阻碍)其目的和意图的感知的偏好和评价。将该模型从下往上看,顾客结合历史消费体验,将产品看作一系列特定属性和属性功效的集合,属性是实现特定结果的手段,特定结果是达到终极目标价值的手段;将该模型从上往下看,顾客会根据其终极目标和意图决定使用情景下结果的重要性,然后重要的使用结果再指引顾客决定属性的重要性进而影响购买决策。

文化类富媒体图书作为一种文化创新产品、一种体验产品,文化价值是消费者的终极目标和终极价值,即图书内容及其精神因素对消费者及社会所具有的意义,文化价值决定了消费结果层的价格感知、质量感知、获得价值感知的重要性进而影响消费者的购买决策。文化价值是文化产品的核心利益,消费者对文化类富媒体图书的文化价值的评价可视作其对产品核心利益的信念和态度。在理论模型 2.10 的基础上,针对本书中的文化类富媒体图书,研究的理论模型如图 2.12 所示。

本书的理论模型(如图 2.10 和图 2.12)表明:无论何种富媒体图书,参考价格不但直接影响购买意愿,还通过影响交易价值和获得价值进一步影响购买意愿;针对非文化类富媒体图书,感知质量作为感知利益的核心不但直接影响购买意愿,还通过影响获得价值进一步影响购买意愿;针对文化类富媒体图书,文化价值作为终极价值直接影响购买意愿，同时还通过影响获得价值、交易价值、感知质量等结果价值进一步影响购买意愿。

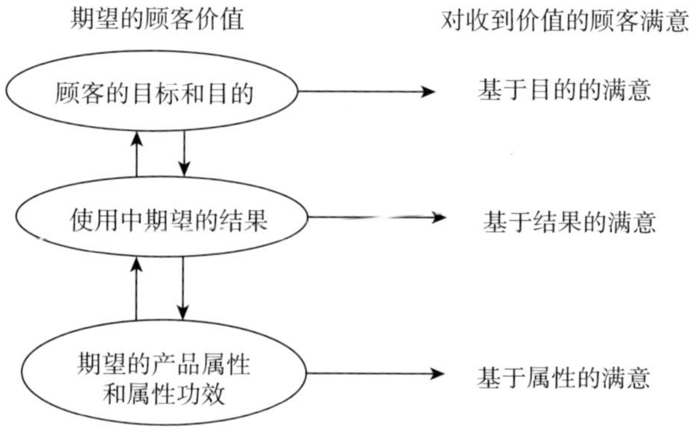

图 2.11　顾客价值层次模型

Figure 2.11　customer value hierarchy model

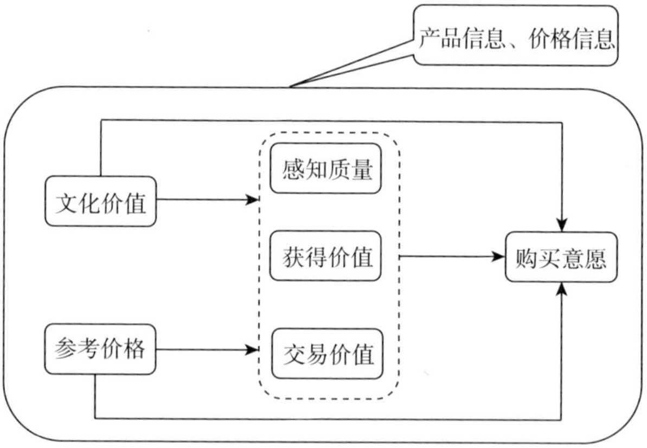

图 2.12　文化类富媒体图书理论模型

Figure 2.12　theoretical model of cultural books

本书的理论模型中涉及的概念都是基于消费者主观感知和判断的，而且Woodruff特别强调了消费情境对顾客价值层次模型的重要作用，在不同情境下顾客对价值的评价会有显著差异，如果情境发生变化，产品属性、结果和目标及其相互之间的联系也会发生相应的改变，因此必须基于特定的产品信息和价格信息环境中，才能系统研究理论模型的动态变化。前景理论的框架效应也表明，个体的决策及偏好常会因信息的表达方式不同而变化,框架效应体现了人类非理性决策的普遍性。Isaac 和 Poor(2016)研究发现,个体对产品的即刻判断主要依赖于情绪性的实际消费体验,而个体对产品的回顾性判断主要依赖于认知性的信息框架,这表明在消费体验过程中或之后接收到的二手信息(如信息框架)可以掩盖个体对实际体验的记忆,因此,用积极框架描述产品可能影响个体之后的记忆重建及随后的消费行为。Sun 和 Mellers(2016)也发现与交易框架(购买新项目)相比,当同样一桩交易被构建为升级框架(旧项目加上额外的费用升级为新项目)时个体更愿意接受该交易。因此,本书的理论模型必须基于特定的产品信息和价格信息环境,才能更准确地揭示模型的本质和内涵。

2.2.3 理论模型中相关概念的界定

前景理论的本质特征就是参考依赖,消费者无论对价格、利益还是价值的感知都会依据一个参考点,这个“参考点”可能是消费者对目前产品的满意度水平,也可能是其销售价格,或是目前产品的质量状况等等,产品的真实评价实际包括了对特定消费者而言不同产品的相对偏好。正如 Butz 等(1996)所说:“价值可以这样表述,相对于巧克力冰激凌,我更喜欢香草冰激凌。”Zeithaml(1988)认为,消费者对价值的感知和评价取决于特定的参考框架,消费的不同阶段价值的含义也有所不同。张明立等(2005)也认为,顾客价值是在特定情境中,顾客相对于竞争对手或自己的期望对产品属性、产品功效以及帮助顾客实现目标的使用结果与相应付出的全部代价之间的感知、权衡和评价。这些定义都充分体现了“相对比较”的思想。

前景理论的“比较组效应”也指出,对于一个特定的购买机会,某产品加上正在考虑的类似替代品,会形成一个比较组,消费者对一种产品的感知和评价是与组内其他产品比较而言的,比较的对象可以是价格、质量、利益等诸多方面。Zeithaml(1988)认为,感知质量作为对产品整体的评价,就是发生在一个备选集合中产品比较情境下的。

本书中的富媒体图书与传统的纸介质图书相比,是一种“文化创新”。“文化创新”是指文化组织提供的商品或服务的创新,即文化组织提供的文化产品和服务中表现和被认可的新颖性。文化创新包括内容创新和形式创新,内容创新是指文化产品结合了以前没有组合过或与现有类型有差别的不同元素,形式创新是指作品的呈现方式或表演方式有创新。富媒体图书就是在数字化背景下,以纸质图书为价值主体,利用二维码、增强现实(AR)等数字技术捆绑多种数字化富媒体资源来提升阅读价值和阅读体验的一种内容和形式均有创新的文化创新产品。富媒体图书能否被消费者认可、喜爱进而转化为创新消费行为,消费者对其主观感知和评价至关重要,但这种感知和评价是基于与传统纸介质图书相比较而言的。对于同一本书,消费者更愿意购买富媒体图书还是纸介质图书?这是本书的核心问题,因此本书中涉及的概念都是基于参考依赖和相对比较的思想而界定的。

根据国内外学者相关研究:参考价格主要借鉴 Cheng 和 Monroe(2013)的定义,感知质量主要借鉴 Zeithaml(1988)的定义,交易价值主要借鉴 Richard(2008)的定义,获得价值主要借鉴 Richard(2008)和 Zeithaml(1988)的定义,文化价值主要借鉴 Throsby(2013)的定义,购买意愿主要借鉴冯建英等(2006)和王崇(2007)的定义。根据上述研究并结合本书特点,对理论模型中所涉及的各变量界定如下。

(1)参考价格,是在一个备选集合中产品比较情境下消费者通过对外部环境信息的体验和判断形成的主观感知的内在心理价格,消费者把该价格作为对观测到的产品价格进行评价和判断的内在基准。

(2)感知质量,是在一个备选集合中产品比较情境下消费者对产品的各种优越性累加的主观整体评价。

(3)交易价值,是在一个备选集合中产品比较情境下消费者对交易价格、交易方式、交易条件、交易过程等交易本身的价值感知,其是参考价格(RP)和销售价格 p 的函数,其结果对消费者而言是一种相对的获得或损失。

(4)获得价值,是在一个备选集合中产品比较情境下消费者对产品或服务本身的价值感知,是消费者购买产品或服务而给自己带来利益的感知与为了获得该产品或服务而付出的成本感知之间进行权衡后对产品或服务效用的总体评价,其结果对消费者而言不是损失而是获得。

(5)文化价值,是在一个备选集合中产品比较情境下消费者对文化产品因精神的、审美的或对提高社会文化认同的贡献而具有的价值的主观感知和判断。

(6)购买意愿,是在一个备选集合中产品比较情境下消费者购买某种特定产品的主观概率或可能性。

2.3 假设模型

本书以参考价格、文化价值、感知质量、获得价值和交易价值对购买意愿影响的关系模型为理论核心，在相关概念界定明确的基础上，进一步提出各个概念之间的因果假设关系，并建立假设模型。

2.3.1 非文化类富媒体图书购买意愿假设模型

本书中的购买意愿是基于同一品牌图书的富媒体版与纸介版相比较而言的，同时基于价格信息动态变化的情境下，研究诸因素对富媒体版图书购买意愿产生的影响。

非文化类图书以高等教育教材和教辅、专业图书为主，消费者购书的目的主要是获取知识和专业信息，文化价值并非它们的核心价值。但质量、价格、感知价值却是消费者极其关注的。

参考价格是消费者对观测到的产品价格进行评价和判断的内部标准，是影响消费者购买决策的关键变量。参考价格可分为行为型参考价格和判断型参考价格：行为型参考价格与消费者对产品的历史消费体验有关，如市场上的平均销售价格等；判断型参考价格的形成过程是指消费者形成价格预期的过程，如物有所值的价格（P_{value}）、公平的价格（P_{fair}）、划算的价格（P_{good}）、期望支付的价格（P_{expect}）等。从来源角度看，参考价格的形成可以基于内部的价格记忆、外部的价格刺激、内部记忆和外部刺激的结合，以及基于对将来结果的预期和判断。

富媒体图书既是一种体验产品，又是一种新产品，由于消费者缺乏历史消费体验，很难形成行为型参考价格，而且判断型参考价格是对消费者购买决策影响最大的因素，也是理论研究的重点。苏凇和黄劲松（2013）也认为，多数参考价格的作用是通过形成预期来体现的，而且“基于预期的参考依赖模型”认为参考点是在较近的过去形成的预期，参考依赖是基于预期参考点比较的结果，因此基于预期的参考价格理论对于市场供求分析和价格策略制定以及政策制定者实施“预期管理”有突出意义，应加强基于预期的参考价格研究。因此，本书的参考价格界定为判断型参考价格。

判断型参考价格的形成是消费者形成预期的过程，该过程是消费者将新信息与记忆信息进行整合或（和）比较，最终形成一种基本的态度，这种认知过程的结果是特定的购买行为倾向。判断型参考价格对消费者购买决策影响最显著。判断型参考价格代表着消费者对富媒体图书价格和价值的一种态度，而态度和规范是行为倾向的重要前因，参考价格越高表明消费者认为富媒体图书越物有所值、价格公平性越高，即消费者越可能购买富媒体图书。针对消费者熟悉度较高的非文化产品的研究发现，参考价格显著正向影响购买决策。白世贞和谢爽（2017）针对网络购物的研究发现，内部记忆价格和外部刺激价格对购买意愿都存在显著的正向影响作用，而且外部刺激价格对购买意愿的影响程度大于内部记忆价格对购买意愿的影响程度。Huang 和 Chen（2013）的研究发现，内部记忆价格显著影响消费者的计划内购买决策，外部刺激价格显著影响消费者计划外的购买决策。Zimri 等（2012）以酒店客户为研究对象，确定了影响消费者购买意愿的参考价格因素，并研究了内部记忆价格与外部刺激价格与购买意愿的多元线性关系。Rayes 等（2013）研究不同领域中参考价格与购买意愿的关系，也得出了参考价格影响消费者购买意愿的结论。富媒体图书作为一种文化创新产品主要满足了消费者精神文化方面更高层次的需求，往往服务于一个更大的沟通目的，阅读一本书往往可以被解释为是对未来的一种私人投资而不是消费，投资的结果甚至获得了“社交货币”和“沟通货币”，消费者参考价格越高，说明富媒体图书越有价值，消费者也越可能购买。因此，针对富媒体图书本书提出如下假设。

H1：判断型参考价格正向显著影响购买意愿。

感知价值是顾客在购买产品或服务而给自己带来利益的感知与为了获得该产品或服务而付出的成本感知之间进行权衡后对产品或服务效用的总体评价，顾客购买决策与感知价值紧密相关，感知价值也是交易提供价值影响消费者购买意愿的一个重要中介变量。交易价值理论认为，消费者感知价值可被分解成获得价值（AV）和交易价值（TV）。获得价值（AV）是物有所值的价格（P_{value}）和销售价格 p 的函数，而且该价值被编码成整合的结果，即 $AV(P_{value}-p)$。交易价值是参考价格（RP）（如公平的价格 P_{fair} 和期望的价格 P_{expect}）和销售价格 p 的函数，且该价值被编码成参考的结果，即 $TV(-p: -RP)$。依据判断型参考价格的定义，正向影响获得价值的 P_{value} 和正向影响交易价值的 P_{fair} 或 P_{expect} 都属于判断型参考价格。研究还发现，感知不利的价格不平等（与有利的价格不平等或价格相等相比）会增加感知的货币牺牲，进而降低感知价值。针对消费者熟悉度较高的非文化产品，许多实证研究都认为，参考价格是感知价值的一个重要直接前因变量。因此，针对富媒体图书本书提出如下假设。

H2:判断型参考价格正向显著影响消费者感知的获得价值。

H3:判断型参考价格正向显著影响消费者感知的交易价值。

正向的交易价值意味着支付价格在心理上的下降,而感知利益不变,所以感知获得价值增加。基于特定情境的价格比较而产生的正向交易价值,会引发的消费者心理上的满意或高兴,高兴的情绪可能会传递到消费者对产品本身获得价值的评价。

从交易价值和获得价值的函数看,它们都有一个共同的前因即销售价格,而且 P_{value}、P_{fair}、P_{expect} 都属于判断型参考价格,它们之间可能存在较高的相关性。实证研究也得出交易价值和获得价值高度相关;针对自行车产品的实证研究也发现,交易价值正向显著影响获得价值,因此,针对富媒体图书本书提出如下假设。

H4:消费者感知的交易价值正向显著影响获得价值。

定性和定量研究都表明消费者感知价值是购买意愿的重要直接前因。交易价值理论认为,消费者感知价值可被分解成获得价值(AV)和交易价值(TV),获得价值是对产品或服务本身的价值感知,交易价值是对交易价格、交易方式、交易条件、交易过程等交易本身的价值感知,二者都是消费者购买意愿的重要直接前因。而且研究发现,当销售价格低于参考价格(即交易价值为正)时,被获得快乐激发的接近动机大于被支付痛苦激发的撤回动机,与消费者购买决策更相关的左脑活动更强。消费者会通过比较销售价格和参考价格,从财务视角来评价交易本身的价值,交易价值是获得价值之外的一种价值,是消费者就交易价格的财务视角感知到的心理上的满意和高兴。对于非文化产品而言,获得价值和交易价值能很好地预测消费者购买意愿,而且获得价值的作用更强,但当产品质量的确定性不断增加时,交易价值对购买意愿的预测作用越来越强。研究还发现,价格促销会提升消费者的交易价值和购买意愿。获得价值与交易价值均正向显著影响冲动性购买。因此,针对富媒体图书本书提出如下假设。

H5:获得价值显著正向影响购买意愿。

H6:交易价值显著正向影响购买意愿。

感知质量是在产品比较的情境下消费者对产品的各种优越性累加的主观评价。它与态度类似,是对产品整体的评价,而且是一个比产品属性更高层次的多维度的抽象概念。消费者对感知质量的评价可视作对产品质量的信念和态度,基于计划行为理论作为态度的感知质量将直接影响消费者购买意愿。很多实证研究都证明,感知质量将直接影响消费者的行为倾向,是影响消费者购买决策的重要变量。"手段-目的链”理论认为消费结果反映了消费者在特定情境下消费经历(或预期)的结果,研究表明消费结果层包含质量结果,消费者希望得到质量稳定以及可靠的产品。《2015年中国网络购物市场研究报告》显示:24.6%的网购用户会因为高品质而忽略价格,而用户海外购物的主要原因是国外商品的质量有保证。研究表明,文化艺术产品的质量特性与经济行为密切相关。因此,针对富媒体图书本书提出如下假设。

H7:感知质量显著正向影响购买意愿。

交易价值理论认为交易价值的权重为零时,感知价值等于获得价值,而且获得价值是对产品本身的价值感知,是消费者在从产品本身获得的收益和付出的成本之间的一种权衡。质量于消费者而言是一种最重要的收益,甚至价值就是产品价格调整后的市场感知质量,感知利益就是感知质量的函数。Zeithaml(1988)发现,有些消费者认为感知价值就是所付出的价格而得到的品质,这些消费者将价值概念化为“付出的金钱”与获得的“质量”之间的权衡,以最低价格得到有品质的产品,即是有价值。实证研究也表明感知质量正向显著影响感知价值,而且针对服务等体验产品而言,感知质量只通过正向显著影响感知价值进而影响购买意愿。富媒体图书既是一种文化创新产品,又是一种体验产品,其感知质量具有不确定性,而且由于缺乏消费体验,消费者更可能把感知质量作为获得价值的重要前因。因此,针对富媒体图书本书提出如下假设。

H8:消费者的感知质量正向显著影响获得价值。

感知质量作为消费者对产品的各种优越性累加的主观评价和整体评价,消费者经常依赖各种质量信号来判断产品质量。特别当判断产品质量的非价格信号缺乏,或产品的价格和质量变化比较大,或产品质量本就很难判断时,消费者会用产品价格作为推断产品质量的信号。针对富媒体图书的新产品和体验特性,消费者的参考价格和“参考质量”水平往往密切相关,例如在公众阅读特定图书之前,他们难以评价这些图书的质量,这也许会引发所谓“柠檬”问题,即低质量的图书驱逐高质量的图书。在质量难以评价的条件下,消费者会利用价格推断产品质量;高于消费者预期的价格水平往往暗示质量也高于预期,高于预期的质量被消费者编码为一种“质量获得”。而且研究发现,在参考价格的两个主要作用机制(推断质量的线索机制、未来价格的预测机制)中,推断质量的线索机制占主导。神经心理学的研究也发现,当产品价格高于参考价格时,损失厌恶激发的撤回动机和高价格暗示高质量的接近动机共同形成矛盾的动机趋势。价格-质量关系的判断被自我建构所调节,相互依存型的消费者比独立型的消费者更趋于用价格推断质量。有关伦勃朗版画的研究也发现，价格与版画的质量（版本）密切相关。富媒体图书是一种体验产品，其感知质量具有不确定性而且由于缺乏消费体验，消费者更可能利用价格信息推断产品质量，同时基于我国相互依存型自我建构的消费者特征，所以，针对富媒体图书本书提出如下假设。

H9：判断型参考价格正向显著影响消费者的感知质量。

研究还发现环境信息会影响消费者对产品价格和价值的判断，如在一个高价格环境中与一个低价格环境中消费者评价同一个新产品，高价格环境下消费者会认为产品不太昂贵，而且在判断时点的环境信息比先前的环境信息对消费者的判断影响更大。因此，本书的富媒体图书购买意愿假设模型必须基于一定产品和价格环境。结合假设 H1~H9，非文化类富媒体图书购买意愿假设模型如图 2.13 所示。

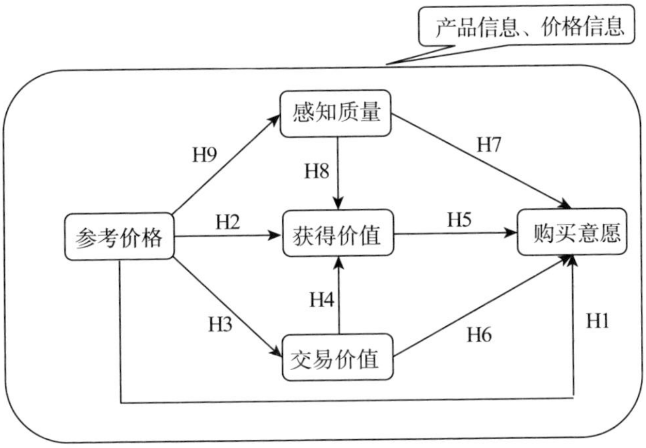

图 2.13 非文化类富媒体图书购买意愿假设模型

Figure 2.13 hypothesis model of purchase intention of non-cultural rich media books

本模型以交易价值、获得价值、感知质量为中介变量构建理论模型研究参考价格对购买意愿的影响，模型创新之处如下。首先，将参考价格及其与一些既有区别又有联系的概念（如交易价值、获得价值、感知质量）之间的关系纳入统一的模型进行深入研究，这也是行为定价领域研究的核心，因为与参考价格相关的概念之间的关系存在诸多矛盾，Richard（2008）的模型假设价格和质量的相关程度已知，因此模型没有解释感知质量效应，而作者也认为定价如作为质量推断信号时，利于增加获得价值，同时作者期望交易价值和质量信号机制纳入统一模型深入研究。其次，深入研究不同价格环境下参考价格对购买意愿的作用机理的变化情况，并深入分析不同价格环境下影响富媒体图书购买意愿的各个因素的总效应的变化，以识别哪个变量对消费者购买意愿的影响最大或在文化高质量发展的背景下感知质量在何种价格环境下对购买意愿的影响最大。最后，因假设 H4 和 H8 的存在，本书的理论模型（如图 2.13 所示）成为链式多重中介模型，本书利用结构方程分析链式多重中介模型，避免了因忽略某个变量而导致特定参数估计出现偏差的问题，同时又能正确识别哪些变量更有理论意义，这是回归分析所欠缺的。

2.3.2 文化类富媒体图书购买意愿假设模型

文化类图书是文化政策和文化经济学关注的焦点，图书的文化价值主要是指文化类图书所具有的文化价值，文化类图书也是理论研究的重点。

文化类图书的文化产品特征、体验产品特征、混合产品特征更加明显。因此，文化组织应专注于对文化产品而言真正重要的东西，即价值和品质。文化类富媒体图书是文化类图书的一种文化创新，文化类富媒体图书具有文化价值和经济价值的二元性已成共识。文化类富媒体图书具有文化价值也是区别于非文化类富媒体图书的一个显著特征，但文化价值却是复杂的、多元的、不稳定的，并缺乏一个共同的记账单位。文化价值也是文化类富媒体图书的核心价值，并且表现在审美性、精神性、社会性、象征性、历史性和真实性等特质上。

理论研究中常使用叙述性偏好（SP）方法研究文化产品的经济价值，即请求消费者陈述自己对文化产品的最大支付意愿（WTP），其本质揭示了消费者购买决策的行为倾向，但文化价值不能完全用金钱来衡量且与产品类别密切相关。购买意愿体现了消费者购买产品的可能性，同时也与消费者的支付意愿（WTP）相关，一定程度上体现了文化产品的经济价值。理论上也认为，支付意愿代表了消费者愿意支付价格的上限，直接调查法和购买意愿调查法都可用来测量支付意愿，二者都属于条件估值法。已有研究证明了绘画价值由文化价值和经济价值两个单独成分组合而成，且文化价值显著正向影响支付意愿（WTP），但不能完全纳入支付意愿（WTP）。因此，可以推断文化类富媒体图书的文化价值直接显著正向影响购买意愿。

文化类富媒体图书主要满足了消费者精神文化需求，消费者更看重其内容和思想所体现的文化价值，即文化价值给消费者带来的利益。阅读往往服务于一个更大的沟通目的，阅读甚至可以被解释为是对未来的一种私人投资，而不是消费，投资的结果甚至获得了“社交货币”和“沟通货币”。从消费的角度看，文化创新产品以顾客价值导向为原则，满足了消费者精神方面更高层次的需求，其核心价值也契合了消费结构的升级。计划行为理论认为，感知利益影响行为态度进而影响购买意愿。前景理论的最终利益效应也认为，消费者购买产品的本质是因为他们相信该产品将帮助其完成目标。所以，针对文化类富媒体图书，本书提出如下假设。

H10：文化价值显著正向影响购买意愿。

“手段-目的链”理论认为消费者的购买目的反映了消费者的价值取向，产品属性是达成目的的一种手段，目的可能是一种结果或者一种价值，终极价值、消费结果和产品属性之间是一个相互联系的阶层关系。消费者渴望的终极目标往往反映了其深层的文化价值观，文化类富媒体图书的文化价值正是图书内容及其精神因素对消费者及社会所具有的意义的反映，因此，文化价值就是文化类富媒体图书消费终极目标的反映。消费结果反映了消费者在特定情境下消费经历（或预期）的结果，可能是价格结果、质量结果、情绪结果、社会结果，它们是实现终极价值的途径。产品属性是实现消费结果和终极状态的手段，但文化类富媒体图书的核心是内容及其思想，而且内容和思想的体验还取决于消费者自身的文化修养等因素，因此文化产品的核心属性很难客观评价，经常仁者见仁智者见智，一些外围属性又不是消费者所看重的。研究也发现，观众熟悉的影片、明星效应和影评对电影票房的影响显著下降。而且有研究认为，这种阶层关系因产品类别而存在显著差异。对于体验产品而言，与消费动机直接相关的是消费结果，然后是与之密切相关的终极价值。

“手段-目的链”理论认为消费者的消费动机反映了消费者的终极价值、消费结果和产品属性之间的相互联系的阶层关系。依据该理论，感知价值可分为产品属性层、消费结果层与终极价值层，它们描述了消费者进行价值评价的具体路径。

文化价值作为文化类富媒体图书消费的终极价值，对消费者而言是一种核心利益，依据感知价值理论，感知利益是感知价值的重要前因。消费者在消费结果层感知的价值可被分解成获得价值和交易价值。获得价值是对产品或服务本身的价值感知，交易价值是对交易方式、交易过程等交易本身的价值感知。感知质量是在产品比较的情境下消费者对产品的各种优越性累加的主观评价，而且消费者对质量评价的内容与消费结果层相对应，消费结果层包含质量结果，反映了消费者希望得到质量稳定以及可靠的产品。因此，一项交易从消费结果层感知价值的视角看，消费结果层应包含交易价值、获得价值和感知质量，而且消费结果层显著正向影响购买意愿。针对手机产品的实证研究发现，消费者的文化价值观正向影响消费结果层的感知价值因素进而影响购买意愿。针对生态产品的定性研究也认为，文化价值应纳入生态产品价值评价的范围进而影响消费决策。因此，作为文化类富媒体图书终极价值层的文化价值，消费者感知越高，心理上也可能感知消费结果层的获得价值、交易价值、感知质量越高，这也体现了心理学上的晕轮效应。因此，终极价值层的文化价值可能通过影响消费结果层的感知价值和感知质量进而影响购买意愿。所以，针对文化类富媒体图书本书提出如下假设。

H11：文化价值显著正向影响获得价值。

H12：文化价值显著正向影响交易价值。

H13：文化价值显著正向影响感知质量。

结合假设 H1~H13，本书的文化类富媒体图书购买意愿假设模型，如图 2.14 所示。

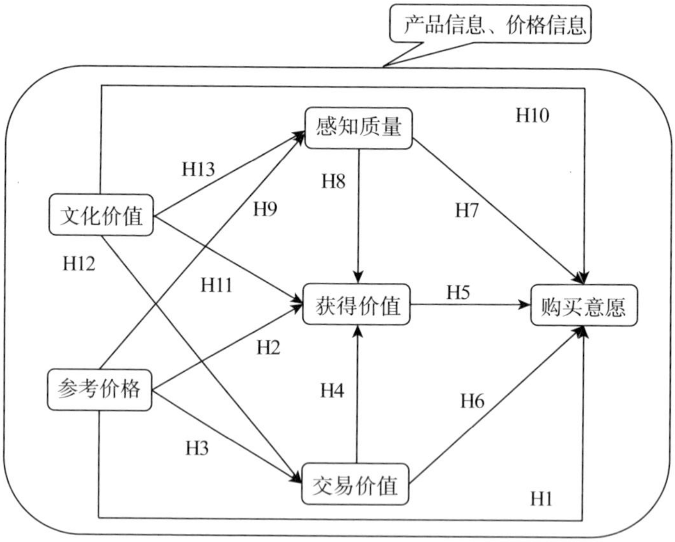

图 2.14 文化类富媒体图书购买意愿假设模型

Figure 2.14 hypothesis model of purchase intention of cultural rich media books

文化类富媒体图书购买意愿假设模型除具有非文化类富媒体图书购买意愿假设模型的创新点之外，更深入揭示了文化价值对购买意愿的影响，以往主要关注于文化价值对经济价值的影响，而文化价值对购买意愿的影响研究很少，同时以往研究没有考虑感知价值的中介作用，也没有涉及参考价格、感知质量、交易价值等变量对购买意愿的影响，更没有探讨价格环境的影响，因此本书弥补了以往研究的不足。

2.3.3 文化类富媒体图书参考价格调节效应假设

消费者在购买产品时，关于产品价格的评价越来越受心理因素的影响，挖掘这些心理影响因素已经成为学者们的重要研究课题。价格对消费决策的影响是极其复杂的，研究发现存在一定的超过消费者支付意愿（WTP）的极端价格，这些价格能激发消费者深入思考产品给其带来的利益和最大价值。如当产品的内在本质信息越缺乏时或产品信息的重要性越低时，消费者就越会把价格作为判断产品质量高低的信号。

解释水平理论认为，在高解释水平下，有关"得到"的信息对消费者的影响更为有效。从消费的角度看，文化类富媒体图书满足了消费者精神方面高层次的需求，作为高解释水平的文化价值是影响消费的关键因素。而在高解释水平下，消费者更多地将价格感知为产品质量的指标。价格作为质量指标不仅停留在感知层面，更会产生价格的"安慰剂效应"。"安慰剂效应"是指没有本质功能的物品或程序却能产生渴望或预期的功效。营销活动能导致"安慰剂效应"，尤其是对具有渴望体验产品优越性能的高动机消费者更可能产生"安慰剂效应"。而且研究发现，当安慰剂期望与备选两个安慰剂治疗方案中一个相匹配时与没有选项的相比，前者的"安慰剂效应"被明显放大。研究发现，动机与期望与"安慰剂效应"密切相关，具有高动机与高期望的被试其"安慰剂效应"更加明显。

价格的"安慰剂效应"是 Shiv 等（2005）研究发现的，他们研究发现一组参与者在饮用了以"特价"购买的功能饮料后，其在解谜任务中的表现比饮用以"原价"购买饮料的参与者要差。在价格情境下，社会心理的相关因素对消费者的经济交易行为具有显著影响。研究发现，认知需求高的消费者所表现出的营销"安慰剂效应"越强。文化类富媒体图书以文化价值为核心，消费者对文化类富媒体图书进行消费的效用体现为能够获得审美、情感、精神、价值认同、象征、娱乐等方面的意义，图书价格甚至可以被解释为是对未来的一种私人投资而不是消费，投资的结果获得了"文化货币""社交货币"和"沟通货币"。以高解释水平的文化价值为核心要素的文化消费，消费者的认知需求较高，对文化类富媒体图书的参考价格越高的消费者可能认为文化价值对自己的作用和意义越大，购买意愿也越高，即参考价格对文化价值的作用有正向的调节效应。因此，本书提出如下假设。

H14:参考价格越高,文化价值对购买意愿的正向影响越大。

2.4 本章小结

本章以计划行为理论、前景理论和交易价值理论为理论依据,深入分析了参考价格、文化价值、获得价值、交易价值、感知质量等因素对富媒体图书购买意愿的影响,并充分考虑了价格环境信息变化的影响,构建了非文化类富媒体图书购买意愿假设模型和文化类富媒体图书购买意愿假设模型,并在此基础上提出了14个假设,为深入研究参考价格和文化价值对富媒体图书购买意愿的影响打下了坚实的理论基础。

3 研究设计

为了有效回答本书的问题以及满足实证研究的效度要求，本章将设计一个调查问卷，把富媒体图书购买意愿假设模型中涉及的变量纳入其中，然后结合实验设计以获取研究所需的样本数据，以验证假设模型是否成立。

3.1 变量的测量

本书以非文化类富媒体图书和文化类富媒体图书为研究对象，假设模型如图2.13和图2.14所示，共涉及参考价格、文化价值、感知质量、获得价值、交易价值、购买意愿6个变量。基于已有研究和专家访谈，针对每个变量设计具体测量题项，力求语义明确、通俗易懂，便于被试回答。

3.1.1 参考价格的测量

参考价格一直是行为定价领域的核心概念和研究重点，近年来学者们主要关注如何准确实现参考价格的操作化测量。

1）参考价格形态的不确定性

参考价格是消费者通过对外部环境信息的体验和判断形成的内在心理感知，而且参考价格是内在的、动态的、多变的。测量参考价格首先要明确参考价格的形态，是一个明确的价格点，还是一个价格区间？苏凇和黄劲松（2013）总结已有研究认为，适应性水平理论认为参考价格是一个明确的价格点，而范围理论和范围频率理论认为参考价格是一个区间。

Niedrich 等（2001）基于方差分析和模型拟合研究认为：参考价格不是某一价格集合的原型，而是其典型的代表或是其原型与典型的混合体，基于记忆的价格比较范围理论模型解释力更强；基于刺激的价格比较适应水平理论模型的解释力更强；在参考价格集合中价格数值过少（仅有一两个）或价格数值非常多而且中值和均值相同的条件下，三个模型的解释力基本相同。Niedrich 等（2009）基于已知品牌的选择（32盎司瓶装番茄酱、1 镑袋装的人造黄油、6.5 盎司的金枪鱼罐头）研究认为，无论在基于刺激的选择环境下还是基于记忆的选择环境下，范围-频率理论能更好地解释参考价格效应；随着参考价格分布的方差和偏斜度的增加，范围-频率理论对参考价格效应的解释力越强。Niedrich 等（2009）的研究是基于历史面板数据品牌的选择，Niedrich 等（2001）的研究是基于价格吸引力的排名。Kwanho 等（2010）研究认为，关于价格吸引力排名的研究中，范围理论模型能够更好地解释消费者价格评价的过程，而关于消费者购买意愿的研究中，适应性水平模型能够更好地解释消费者价格评价的过程。Marcus Jr 等（2011）的研究也表明，当信息处理的目标是价格区分时发生比较效应，价格被感知为区间及其变化；当信息处理的目标是价格整合时发生同化效应，价格被感知为分布的均值。

富媒体图书作为一种文化创新产品、一种体验产品，消费者缺乏历史消费体验，无法形成记忆价格，试验中只能实现基于刺激的价格比较；而且本书针对的是消费者购买意愿的研究；同时刺激的价格水平基本处于可接受的价格范围内，应发生同化效应，所以本书应用适应性水平模型（即参考价格的均值点模型）来解释参考价格效应，即参考价格为一个价格点。

2）参考价格点的测量

明确了参考价格的形态，接下来就是如何测量参考价格点，以往研究主要有两种方法：面板数据测算法和实验调查法。

（1）面板数据测算法。该方法假设消费者基于历史消费体验和当下消费情境而形成一个可预测的期望价格，然后利用消费者实际消费的面板数据推断该价格。Mazumdar 等（2005）总结已有研究认为，对于经常购买的包装产品（Frequently Purchased Packaged Goods，FPPG），常用公式（3.1）预测参考价格，如 t 时刻的参考价格主要由（t-1）时刻的价格、参考价格、促销价格决定，而且 α 因产品类别差异主要介于 0.60~0.85。Erdem 等（2010）、Dayaratna 和 Kannan（2012）、Coulter 和 Krishnamoorthy（2014）在研究有关参考价格问题时则认为当期参考价格是上一期参考价格和上一期环境价格的加权平均数，可利用公式（3.2）测量参考价格。Rajendran 等（1994）认为，t 时刻的广告参考价格（*ARP*）也会显著影响 t 时刻的参考价格，如公式（3.3）所示；而且 Kan 等（2014）研究也发现，广告价格对交易评价的影响是通过其对内部参考价格的影响而实现的。Nasiry 和 Popescu（2011）认为参考价格是当前最低价格和最近交易价格的加权平均数。Wenner(2015)认为,参考价格是基于先前价格和情境价格而形成的期望价格。

$$RP_t=\alpha \times Price_{(t-1)}+(1-\alpha) \times RP_{(t-1)}+\beta \times Prom_{(t-1)} \tag{3.1}$$

$$RP_t=\alpha \times Price_{(t-1)}+(1-\alpha) \times RP_{(t-1)} \tag{3.2}$$

$$RP_t=\alpha \times ARP_t+(1-\alpha) \times RP_{(t-1)} \tag{3.3}$$

式中 *RP*——参考价格;

Price——成交价格;

Prom——促销价格;

t——时间;

ARP——广告参考价格;

α、β——权重系数。

但 Thomas 和 Menon(2007)研究发现,不自信的消费者比自信的消费者具有更高的参考价格,但他们的期望价格却是相同的。Xia 等(2004)认为,价格公平是消费者对销售价格与比较对象(历史价格、竞争者销售价格、其他消费者成交价格等)价格之间的差异是否合理、可接受和公正的评估及相关的情感,而且会显著影响消费者购买决策。Lisa 等(2003)认为,价格的公平性感知与消费者对市场中的价格、利润、成本判断密切相关,是影响购买决策的重要因素。Dekhili 等(2013)定性研究表明:消费者对绿色产品的价格评价是基于与普通产品的价格比较而言的,消费者对绿色产品价格的公平性感知意味着绿色产品具有特殊价值进而影响购买决策。Liang(2015)研究认为,买方对价格公平的感知以及支付意愿(WTP)与卖方的销售策略可以相互作用实现均衡,以增加消费者剩余。Shapiro 等(2016)的研究发现,价格公平性感知调节了参考价格对购买倾向的影响。这些研究都说明期望价格不能完全替代参考价格。

基于行为型参考价格的研究,主要是利用消费者实际购买的面板数据推断参考价格,而且产品类别以消费者产品熟悉度较高的日常用品为主,需要大量的历史数据,该测算方法虽在某些情况下有一定意义,但对于不同的产品(如创新产品、文化产品和服务)而言,这种推断的期望价格能否真正代表参考价格是需要进一步明确的,而且应用面板数据测量期望价格及其作用的前提必须在价格评价、参考价格和实际购买决策(如品牌选择、购买数量、购买倾向)之间建立更强的理论联系。

(2)实验调查法。该方法首先将消费者置于与实际购买决策密切相关的消费情境和价格环境中,如真实产品的介绍、较高的常规售价、较低的促销价格等等;然后要求消费者对公平的价格、市场平均价格、物有所值的价格等参考价格做出主观判断；最后以某个参考价格或几个参考价格的算术平均值作为参考价格。

Mazumdar 等（2005）和苏淞、黄劲松（2013）认为，基于实验调查法测量的参考价格整合成一个参考价格或几个参考价格，进而影响消费者的购买决策，也是理论研究的焦点。Arkes 等（2008）研究认为，参考价格是由多个价格信息通过整合模式形成一个参考点并发挥作用的。但也有研究从理论上提出了个人参考点和社会参考点双重参照点理论；三重参照点理论认为行为主体的风险决策考虑了最低要求（MR）、现状（SQ）和目标（G）三个参照点，并在努力使实现目标的可能性最大化的同时使底线不保的可能性最小化。

单参考点即利用某一价格作为参考价格，如公平的价格（P_{fair}）；或利用几个价格的算术平均值作为参考价格，如期望价格（P_{expect}）、市场平均价格（$MP_{average}$）和公平价格（P_{fair}）的算术平均值。单参考点是已有研究的主流，但参考价格测量指标的选取差异很大，近年相关研究详见表 3.1。

表 3.1 参考价格测量指标

Table 3.1 reference price measurement index

类别		相关研究	测量指标	产品
单参考点	多测量指标	Rodolfo Vázquez Casielles，Álvarez（2007）	MP_{lowest}、$MP_{highest}$	人造黄油
		Silke Bambauer-Sachse，Angélique Dupuy（2012）	P_{normal}、P_{fair}、$MP_{average}$、MP_{lowest}、$MP_{highest}$、P_{value}、HP_{last}、P_{expect}	T 恤衫、牛仔裤
		Ben Lowe，Bradley R. Barnes（2012）	P_{fair}、P_{expect}、P_{WTP}	止痛药、蓄电池
		Sascha Alavi 等（2015）	$MP_{average}$、P_{fair}	快餐
	单测量指标	Shirai（2005）	P_{expect}	洗发水
		Michael Tsiros& David M. Hardesty（2010）	P_{expect}	PDA（个人数码设备）
		Ben Lowe & Frank Alpert（2010）	P_{fair}	防晒霜、无绳电话
		Yi Cai & Brenda Cude（2011）	P_{fair}	飞机票
		Hernán 等（2012）	HP_{last}	成品木材
		Christina Kan 等（2014）	$MP_{average}$	牛仔裤、太阳镜、双肩包、无绳电话
双参考点		Vaidyanathan & Aggarwal（2001）	$AIRP$：P_{fair}、P_{WTP} $MIRP$：$MP_{highest}$、MP_{lowest}、P_{normal}	自动咖啡机

多参考点以 Klein 和 Oglethorpe(1987)的研究为代表,作者认为参考点的成因或对消费者的象征意义是不同的,按时间顺序,参考价格可分为三类:渴望价格(Aspiration prices)、市场价格(Market prices)、历史价格(Historical prices)。渴望参考价格(*AIRP*)是消费者有意识建立起来的针对特定产品的支付目标,如 P_{expect}、P_{fair}、P_{good}、$HP_{highest}$;市场参考价格(*MIRP*)是消费者对市场价格水平的感知,如 $MP_{average}$、$MP_{particular}$;历史参考价格(*HIRP*)是以消费者历史购买体验为基础的,如 HP_{last}、$HP_{usually}$、$HP_{average}$。Vaidyanathan 和 Aggarwal(2001)在研究参考价格对购买意愿和搜寻倾向的影响时,应用了渴望参考价格(*AIRP*)和市场参考价格(*MIRP*)双参考点,见表 3.1。

Mazumdar 等(2005)认为参考价格是一个多维度的概念,在什么条件下,参考价格的哪个或哪些维度起主导作用值得深入研究。Shirai(2004)认为,消费者进行价格判断时,不同参考价格的重要性和使用偏好、形成参考价格的努力、参考价格的普适性(产品类别、品牌)都是不同的,并通过对 9 种参考价格(P_{fair}、P_{WTP}、$P_{ex\text{-}low}$、MP_{lowest}、$MP_{highest}$、$MP_{average}$、P_{normal}、P_{expect}、HP_{last})的研究发现:就重要性、使用偏好、形成努力而言,P_{normal} 被赋予较高权重而 $MP_{highest}$ 权重较低;P_{normal} 和 P_{expect} 的产品类别普适性很高;HP_{last} 的品牌普适性很高而 P_{WTP} 的品牌普适性很低。

基于问卷调查的实验调查研究中,参考价格的测量指标的选取差异很大,同时缺乏严谨的证据证明这些测量指标能有效测量参考价格这一概念。例如,渴望参考价格(*AIRP*)、市场参考价格(*MIRP*)、历史参考价格(*HIRP*)之间可能存在一些重叠,严谨的参考价格定义在理论研究中需要进一步明确,理解参考价格是什么和它对消费者决策的影响是研究的重点。

富媒体图书既是一种文化体验产品,又是一种文化创新产品,由于消费者缺乏历史消费体验,很难形成行为型参考价格,利用消费者实际购买的面板数据推断参考价格无法实现,同时本书作为实证研究更适宜采用基于问卷调查的实验调查方法测量参考价格。参考价格的测量指标依据本书的定义和假设采用判断型参考价格,因为判断型参考价格对消费者购买决策的影响最大,也是理论研究的重点。基于潜在的判断准则,判断型参考价格可细分为价值型参考价格(P_{value}、P_{fair}、P_{good})、中心趋势型参考价格(P_{normal}、P_{expect})和边界型参考价格(P_{WTP}、$P_{ex\text{-}low}$(能接受的最低价格,低于该价格会怀疑产品质量有问题))等 7 种价格,但研究发现就重要性、使用偏好而言,消费者赋予 $P_{ex\text{-}low}$ 的权重较低,而且 $P_{ex\text{-}low}$ 的产品类别普适性也较差,以往研究中也基本没有将 $P_{ex\text{-}low}$ 作为参考价格的测量指标(见表 3.1)。而且本书针对富媒体图书参考价格的一项态度调查发现(研究方法与已有研究相同,价格态度采用李克特七级量表测量,从“非常不同意”“不同意”“有点不同意”“不能确定”“有点同意”“同意”到“非常同意”,相应地赋予 1 分至 7 分):106 名被试者认为就重要性而言(购买富媒体图书时,我认为该价格是重要的),P_{good}(5.18,1.286)>P_{fair}(5.07,1.189)>P_{value}(4.80,1.376)>P_{expect}(4.76,1.553)>P_{WTP}(4.65,1.441)>P_{normal}(4.58,1.413)>$P_{ex\text{-}low}$(3.95,1.753);就卷入度而言(购买富媒体图书时,我会多花些时间和精力考虑该价格),P_{good}(4.96,1.393)>P_{fair}(4.86,1.261)>P_{WTP}(4.75,1.472)>P_{expect}(4.74,1.430)>P_{value}(4.72,1.439)>P_{normal}(4.48,1.507)>$P_{ex\text{-}low}$(3.90,1.621),从重要性和卷入度两个角度看(括号内为重要性和卷入度的均值和标准差),P_{good} 和 P_{fair} 的均值都较高,而 $P_{ex\text{-}low}$ 的均值都是最低的,且小于 4。因此,本书参考价格的测量指标选择了 P_{good}、P_{fair}、P_{WTP}、P_{expect}、P_{value}、P_{normal} 6 个指标,如表 3.2 所示。

本书在提供了某种图书的纸质版销售价格(如 42.8 元)和富媒体版销售价格(如 52.8 元)等价格环境的基础上,请消费者对表 3.2 中的各种参考价格进行点估计,如您认为富媒体版物有所值的价格是多少元?

表 3.2 参考价格测量题项

Table 3.2 reference price measurement items

变量	代码	测量题项	参考依据
参考价格(*RP*)	P_{value}	物有所值的价格	[32][35][41][63][68][72][174][175]
	P_{fair}	公平的价格	
	P_{good}	划算的价格	
	P_{normal}	常规的价格	
	P_{expect}	期望的价格	
	P_{WTP}	愿意支付的最高价格	

3.1.2 文化价值的测量

文化类富媒体图书因精神的、审美的或对提高社会文化认同的贡献而具有文化价值,文化价值是文化类富媒体图书区别于其他图书的显著特征。2005 年《保护和促进文化表现形式多样性公约》明确:文化活动、产品和服务具有“经济和文化双重性质。由于它们传达了身份特征、价值和意义,因此不得仅以拥有商业价值来对待”。

如果说参考价格与富媒体图书的经济价值密切相关，那么文化价值蕴含的许多不同的价值形式则可以从各个方面被感知和评估，而指导评估的标准可能是一组正式规则或者仅仅是影响个人对作品反映的非正式感觉和态度。影响评估的因素还包括读者的个人背景及评价时的背景条件，因为在做出评判的时候，评估反映了一个人的品位、学识、经验、社会阶层等，也反映了他们根据真实或者想象的评价原则对作品技术特征所做的解读。

金斯伯格和索罗斯比（2018）认为，文化价值可以使用准兰卡斯特术语描述，它由一系列可定义的属性组成，包括审美、符号、精神、历史和社会价值等，考虑到文化价值有多个层面，而且缺乏通用的计量单位，所以在这一范式下可以使用不同的排序或打分方式，分别评估价值的各个部分，结果可以序列或数值的方式呈现。而且文化价值被分解为审美、社会、象征性、精神与教育价值 5 个成分进行评估：审美价值是直接的，它与美、和谐和视觉感染力等有关；社会价值关系到文化认同及对文化在社会角色中的理解；象征性价值是关于一幅作品讲述的故事或其含义，或者作品被感知到的传达更广泛文化或其他值得借鉴信息的方式；精神价值是一个很难确定的概念，它与人们面对一幅艺术品时所产生的先验的或神秘的、宗教的情绪有关；教育价值可以清楚地反映在作品对国民的教育之中，见表 3.3。

表 3.3　文化价值的五个维度

Table 3.3　five dimensions of cultural value

变量	维度	测量题项
文化价值	象征价值	这幅画对我和其他个人或者团体可能具有重要的文化意义
	教育价值	这幅画对教育儿童可能有价值
	精神价值	这幅画可能把精神信息传达给我和其他个人或者团体
	社会价值	这幅画有助于我们更好地了解我们人类自身
	审美价值	我认为这幅画的观感很好

金斯伯格和索罗斯比（2018）提出的文化价值测量是针对画作的，本书虽可借鉴其研究结果，但基于富媒体图书的特征我们还需进行定性访谈，以进一步总结提炼文化类富媒体图书文化价值的测量题项。定性访谈的目的是通过群组讨论，让参与人员在没有压力的情况下自发地说出自己内心的真实想法。

访谈开始前，研究人员先向受访者介绍了本书的目的和意义、文化类富媒体图书的概念和特征、文化价值的概念和内涵等内容，并简单了解了受访者的基本情况。正式访谈一直在轻松、愉快、和谐的氛围中进行，研究人员根据受访者的表现，采用恰当的询问方式与技巧，鼓励受访者积极表达其内心真实的想法及感受。本书共实施了5组定性访谈，每组访谈大约25分钟，每组8或9人，受访者共计44人，每人奖励10元左右的红包，受访者都比较配合地接受了访谈。

定性资料分析一般采用内容分析法，先对数据资料进行编码，然后对访谈记录进行反复阅读，找出频次较高的主题语句，最后依据这些语句所反映的含义实施命名。访谈中有关文化类富媒体图书文化价值出现频次较高的表述见表3.4。定性访谈结束后，本书将得到的相关描述语句与金斯伯格和索罗斯比（2018）提出的文化价值测量题项进行比较，然后邀请2名出版专家、2名研究文化的专家学者和3名博士生对这些测量题项的表面效度和内容效度进行评价，并根据其建议对测量题项进行修改。因为受访者要针对文化价值的一系列陈述表明自己的态度。但由于受访者受时间、领会复杂陈述的能力、精力等方面的限制，陈述的数量和细节都比较有限，虽然理想的做法是一个属性至少有两项或更多的陈述，但这些限制意味着这是不可能的，而且专家认为一般富媒体图书的遗赠价值有限也非影响购买意愿的主要因素，同时本书重点关注的是文化价值作为一个整体概念与其他变量是如何影响购买意愿的，因此最终的文化类富媒体图书文化价值的测量题项见表3.5。

表3.4 文化价值的定性访谈结果

Table 3.4 qualitative interview results of cultural values

变量	维度	描述语句	比例（人次）
文化价值	象征价值	该书很有文化品位	70.45%（31）
	教育价值	该书能教育国民，能提高国民文化素养	63.64%（28）
	精神价值	该书让我感觉精神愉悦	61.36%（27）
	社会价值	该书能促进全民阅读，培养全民阅读习惯	59.09%（26）
	审美价值	该书会很美很炫	15.91%（7）
	存在价值	喜欢有图书陪伴的感觉	15.91%（7）
	遗赠价值	该书值得收藏和保留	4.55%（2）

针对文化价值测量题项，在每个题项均采用肯定的陈述语句基础上，要求被试表明在多大程度上反对或赞同。本书采用李克特七级量表测量，语气由反对到赞同，从

"非常不同意""不同意""有点不同意""不能确定""有点同意""同意"到"非常同意",相应地赋予1分至7分,分数越高表示越赞成该陈述,文化价值越高。

表3.5 文化价值的测量题项

Table 3.5 cultural value measurement items

变量	代码	测量题项	参考依据
文化价值（CV）	CV1	该书观感很好	[59]、定性访谈
	CV2	该书有助于我们更好地了解人类自身	
	CV3	我们喜欢有图书陪伴的感觉	
	CV4	该书能促进全民阅读,培养全民阅读习惯	
	CV5	该书对我们具有重要的文化意义	
	CV6	该书向我们传递了重要的精神信息	
	CV7	该书对国民有教育价值	

3.1.3 感知质量的测量

感知质量是在产品比较的情境下消费者对产品的各种优越性累加的主观评价。与产品客观质量不同,感知质量是消费者对产品质量的主观感知,这是购买者与售卖者之间关于产品质量的信息不对称引起的。消费者对产品质量的感知取决于内部线索和外部线索,内部线索与产品本身的物理特征相关,外部线索与产品有关但非物理属性,如价格、品牌、广告是最主要的外部线索,特别当消费者购买新产品缺乏产品体验而且内部线索较难推断产品质量(如服务),或利用内部线索需要花费巨大的时间和精力时,或产品质量本就很难判断(体验产品和信用产品)时,消费者更多地利用外部线索判断产品质量,富媒体图书作为一种体验产品、一种文化创新产品,消费者会更多地利用价格、品牌、广告等外部线索感知产品质量。在实践中,图书质量主要包括内容质量、编校质量、印制质量和设计质量。前两者与内容相关,是图书内在的质量。后两者属于外观质量,与材料、工艺、设计密切相关。

Dodds等(1991)研究价格、品牌和商店形象对产品感知质量影响时,主要从可靠性(Reliability)、工艺(Workmanship)、质量(Quality)、可信度(Dependability)和耐用性(Durability)5个维度对感知质量进行了测量。该量表得到了广泛应用, Grewal, Monroe, Krishnan(1998)研究感知质量等因素对购买意愿的影响时,也借鉴了该量表，主要从质量、耐用性、可靠性3个维度测量感知质量；毕楠和孙丽辉（2009）研究集群品牌形象与感知质量的关系时，主要从工艺、质量、可信度和耐用性4个维度对感知质量进行了测量。

借鉴上述研究的成熟量表，并针对富媒体图书的特征，根据专家访谈的意见，将工艺改为创新性，耐用性改为适用性，因此，本书从5个维度测量富媒体图书的感知质量，具体测量题项见表3.6。

表 3.6 感知质量的测量题项

Table 3.6 measurement items of perceived quality

变量	代码	测量题项	参考依据
感知质量（*PQ*）	*PQ*1	富媒体图书的准确性如何？	[14]、[47]、[177]
	PQ 2	富媒体图书的创新性如何？	
	PQ 3	富媒体图书的质量如何？	
	PQ 4	富媒体图书值得信赖吗？（可信性）	
	PQ 5	富媒体图书适于学习和阅读吗？（适用性）	

针对感知质量的测量题项，在每个题项均采用疑问句的表述基础上，要求被试表明自己赞同的程度。本书采用李克特七级量表测量，从“非常低”“低”“有点低”“不能确定”“有点高”“高”到“非常高”，相应地赋予1分至7分，分数越高表示感知质量越高。

3.1.4 获得价值和交易价值的测量

交易价值理论认为消费者的感知价值可被分解成获得价值（*AV*）和交易价值（*TV*），获得价值是对产品或服务本身的价值感知，其结果对消费者而言不是损失而是获得；交易价值是对交易价格、交易方式、交易条件、交易过程等交易本身的价值感知，其结果对消费者而言是一种相对的获得或损失。

Grewal，Monroe，Krishnan（1998）研究获得价值、交易价值等因素对购买意愿的影响时，重点强调了获得价值是给消费者带来利益的感知与为了获得该产品而付出的成本的感知之间的权衡，而交易价值必须准确地区别于获得价值并反映其本质是“消费者从发现和利用交易价格”中获得的快乐。Grewal，Monroe，Krishnan（1998）研究中获得价值的测量题项包括9项，具体包括：如果我以销售价格购买该自行车，我觉得我的钱花得很值;我感觉我以一个合理的价格获得了一个质量很好的自行车;对自行车的特点评估后,相对于销售价格而言,对这些特点的质量我很自信;如果我获得这辆自行车,我认为它物有所值;针对该自行车的特点,我认为它物有所值;我感觉获得这辆自行车的同时满足了我对高质量和低价格的需求;与我对该自行车愿意支付的最高价格相比,销售价格传递了更好的价值;我认为该自行车很值,因为它以一个合理的价格满足了我的需要;该自行车是值得拥有的,因为它以一个合理的价格能帮助我锻炼。交易价值的测量题项包括 3 项,具体包括:以该价格成交,我感觉很高兴;以该价格成交,我感觉我省钱了,我很开心;除了省钱之外,以该价格成交,我感觉很快乐。

Blaine 和 Eric(2015)在研究获得价值、交易价值等因素对汽车保险购买意愿的影响时,借鉴了 Grewal, Monroe, Krishnan(1998)的研究,获得价值的测量题项包括 8 项:针对目前的保险条款,我感觉我的钱花得值;考虑到保险人的声望,我感觉目前的保险条款物有所值;考虑到保险范围,我感觉目前的保险条款物有所值;与我对该保险愿意支付的最高价格相比,我支付的价格传递了更好的价值;我认为该保险很值,因为它以一个合理的价格满足了我的需要;考虑到保险范围,我感觉为车险花这些钱物有所值;考虑到保险人的声望,我感觉保费是合理的;我感觉我以一个合理的价格获得了一个质量很好的车险。交易价值的测量题项包括 6 项:目前的保费与我的预期相比不贵;以该保费成交我感觉很好;与我预期支付的保费相比,目前的保费很划算;目前的保费优于以往的,我省钱了,我很开心;除了省钱之外,目前的保费我很满意;与其他资产相比,对目前为车险支付的保费我很高兴。

借鉴上述研究中的成熟量表,并针对富媒体图书的特征,根据专家访谈的意见略作修改后,本书的获得价值和交易价值的具体测量题项见表 3.7。

针对获得价值和交易价值的测量题项,在每个题项均采用肯定的陈述语句基础上,要求被试表明在多大程度上反对或赞同。本书采用李克特七级量表测量,语气由反对到赞同,从“非常不同意”“不同意”“有点不同意”“不能确定”“有点同意”“同意”到“非常同意”,相应地赋予 1 分至 7 分,分数越高表示越赞成该陈述,获得价值和交易价值越高。

表 3.7 获得价值和交易价值的测量题项

Table 3.7 measurement items of acquired value and transaction value

变量	代码	测量题项	参考依据
获得价值（AV）	AV1	相对于定价而言，富媒体版物有所值	[47]、[48]
	AV2	富媒体版定价合理而且质量会很高	
	AV3	富媒体版定价能保证富媒体图书3个特点的高质量	
	AV4	与纸质版相比，富媒体版图书性价比很高	
	AV5	考虑到品牌和富媒体版的特点，富媒体版很划算	
	AV6	富媒体版能满足我对图书高质量、低价格的需要	
	AV7	与我愿意支付的最高价格相比，富媒体版定价说明其物美价廉	
	AV8	富媒体版定价合理且能很好满足我阅读和学习的需要，值得拥有	
	AV9	富媒体版定价合理而且物超所值	
交易价值（TV）	TV1	与我的预期价格相比，富媒体版定价很便宜	
	TV2	富媒体版定价让我感觉会省些钱，我很高兴	
	TV3	除了省钱以外，富媒体版定价对我有利，我很满意	
	TV4	富媒体版的定价让我很开心	
	TV5	与纸质版定价相比，我对富媒体版的定价很满意	

3.1.5 购买意愿的测量

购买意愿是在一个备选集合中产品比较情境下消费者购买某种特定产品的主观概率或可能性，即本书中的购买意愿是基于同一品牌图书的富媒体版与纸介版相比较而言的。消费者的购买意愿是购买行为的基础，可以用来预测消费者的行为。购买意愿对消费者的购买决策有重要影响，消费者购买意愿越强烈，购买的可能性就越大，反之购买的可能性就越小。

国内外的学者基本一致地认为购买意愿处于消费者购买行为5阶段中的购买决策阶段，此时消费者心中已有品牌偏好，通过收集信息和比较评估产生购买意愿，此时若没有其他情况出现，消费者就会采取购买行为。

关于购买意愿的研究较多，其测量也比较成熟，本书主要借鉴了Grewal等（1998）、Blaine和Eric（2015）和王崇（2007）等研究中对购买意愿的测量题项，并针对富媒体图书的特征，根据专家访谈的意见略作修改后，本书中购买意愿的具体测量题项见表3.8。

表 3.8 购买意愿的测量题项

Table 3.8 purchase intention measurement items

变量	代码	测量题项	参考依据
购买意愿（PI）	PI1	我愿意购买富媒体版图书	[29]、[47]、[48]
	PI2	我愿意推荐我的朋友购买富媒体版图书	
	PI3	我愿意为购买富媒体版图书多付些钱	
	PI4	如果需要，我购买富媒体版图书的可能性很大	

针对购买意愿的测量题项，在每个题项均采用肯定的陈述语句基础上，要求被试表明在多大程度上反对或赞同。本书采用李克特七级量表测量，语气由反对到赞同，从“非常不同意”“不同意”“有点不同意”“不能确定”“有点同意”“同意”到“非常同意”，相应地赋予 1 分至 7 分，分数越高表示越赞成该陈述，购买意愿越高。

3.2 问卷调查的设计

3.2.1 问卷的设计

问卷本身的质量直接影响着参与者在填写问卷时的态度和行为，问卷设计的重要准则是准确而简约。同时考虑被试在回答问卷时间上的承受能力，调查问卷的测量项目不宜过多，本书的问卷回答时间大约 10 分钟。

问卷首先对富媒体图书的概念和特点做了说明，我们在问卷开始部分通过图片引入“富媒体图书”，并辅以文字详细陈述了其概念（一种数字媒体和纸媒相融合的创新型图书）和其具有媒体融合、沟通互动、超级链接 3 个显著特征，以此来激发被试的新产品意识，这也是以往有关新产品研究的标准做法。富媒体图书作为一种文化创新产品，为回答本书问题提供了理想的研究情境，而且还应满足理论研究中新产品的 4 个标准。

（1）与现有纸质图书相比，富媒体图书存在显著差异。根据富媒体图书概念和特征的描述，本书调查发现，超过 70%的被试认为富媒体图书与传统纸质图书相比变化大或很大，认为变化小或很小的一般不足 10%，这说明富媒体图书对被试而言是一种新产品。

（2）富媒体图书与受访者密切相关。本次调查的被试为可能阅读富媒体图书的青年群体,因为第十五次全国国民阅读调查报告显示，2017 年我国半数成年国民倾向于数字化阅读方式,其中 39 周岁以下青年群体是数字化阅读行为的主要人群。本书调查发现,超过 60%的青年群体有购买富媒体图书的意愿,说不清是否会购买的占 30%左右,明确不愿意购买的不超过 10%,本书为保证被试者为青年群体,有关被试者学习状态或年龄的选项设定了限制,对不符合要求的被试,问卷将自动跳转到结束项。

（3）富媒体图书的定价水平能被大多数的受访者接受,同时又不能太便宜,随便买来试试。为保证富媒体图书定价水平的合理性,我们在预调研时调查了被试可接受的富媒体图书的价格范围。

（4）富媒体图书不会给受访者带来医疗风险。富媒体图书与纸介质图书相比，增加的数字资源不会给读者带来任何医疗风险。

问卷题目整体遵循先易后难的原则,介绍完富媒体图书的概念和特点后,问卷首先是一道识别调查对象的跳转题（学历或年龄）;然后是关于被试对富媒体图书和参考价格有关认知的 3 道单选题;然后是参考价格、文化价值、感知质量、交易价值、获得价值和购买意愿 6 个概念的测量;最后是调查对象的性别等相关基本信息。

问卷的封面介绍了研究目的、填写问卷的要求、保密承诺、抽奖办法、研究人员的联系方式和对被试的感谢等内容,具体见附录相关内容。

3.2.2　数据收集方法

调查的受访者为 18~39 岁的青年群体,利用问卷星进行线上调研,受访者主要通过微信群、QQ 群及转发随机邀请,受访者通过手机微信在线填答问卷。考虑到受访者在回答问卷时有可能存在随意性,为保证数据质量要求,受访者匿名填答问卷而且填答时间不少于 10 分钟。如少于 10 分钟,问卷会被自动判定无效;同时一部手机只能提交一次问卷;有效问卷的受访者还可参与现金红包抽奖,中奖概率为 1/3,奖金额度为 5~20 元不等。

问卷法已成为管理学定量研究中最为普遍的数据收集方法,但测量自变量、因变量、其他变量的数据都来自受访者的自我报告,便会产生共同方法偏差的问题,即由于测量方法单一性（而非所测变量所代表的关系）所造成的偏差,研究者在使用问卷法时应避免共同方法偏差。

本书为了控制共同方法偏差,在问卷调研时邀请了不同地区、不同的群体在不同时间填写,同时采取了匿名填写、打乱部分题项顺序、控制填写时间和手机 IP 等方法确保数据质量。同时,本书还利用共同方法偏差的统计检验方法,如“Harman 单因素检验”和“无可测方法的潜在误差变量控制法”检验共同方法偏差。

本书的数据收集分为预调研和正式调研,预调研收集的数据主要用于探索性因子分析净化测量题项,正式调研又根据富媒体图书类别分为非文化类富媒体图书和文化类富媒体图书调研,获得的数据主要用于检验假设模型。同时根据富媒体图书价格策略的变化,非文化类富媒体图书的正式调研根据其价格水平的差异分为渗透价格策略、适中价格策略和撇脂价格策略三种;文化类富媒体图书的正式调研根据其价格框架策略的差异分为整合价格框架策略和分离价格框架策略两种。而且每次正式调研都是不同时间点针对不同群体进行的,这种多卷、多时间点、多群体调查法不但是研究的需要,更可以解决共同方法偏差的问题。

3.3 预调研与量表纯化

预调研的性质是探索性的,其目的是对初步收集的数据进行项目分析和探索性因子分析,以评价初始测量量表的信度和效度,并依据评价结果净化测量题项、纯化量表,进而对预调研问卷进行修订、完善,最终形成正式调研问卷。

3.3.1 非文化类富媒体图书预调研

本书的非文化类富媒体图书以在校的大学生自主选用的专业教辅图书为例(如《财务分析案例》),所以预调研的受访者为在读的本科生和研究生群体,利用问卷星进行线上调研,受访者主要通过微信群、QQ 群及转发随机邀请,受访者通过手机在线填答问卷。本次预调研历时两周,收到问卷 204 份,其中有效问卷 150 份,问卷有效回收率为 73.53%,预调研有效问卷数量满足测量题项与受访者比例最好为 1∶5 以及被试样本总数不得少于 100 人的要求。预调研的有效样本中:男性占 28.7%,女性占 71.3%;在读本科生占 62.7%,在读研究生占 37.3%(选择其他,为非本次调研对象,结束问卷调查);18 岁及以下占 2.7%,19~22 岁占 58.00%,23 岁及以上占 39.3%;而且将富媒体图书与传统纸质图书相比,认为变化非常大的占 29.4%,认为变化大的占 37.3%,认为变化说不清的占 23.3%,认为变化小的占 9.3%,认为变化非常小的占 0.7%;受访者中有 63.3%的同学愿意自主购买教材或教辅,说不清的占 28.7%,明确不愿意自主购买的占 8.0%；受访者中有 67.3%的同学自主购买富媒体教材或教辅时心中有参考价格，说不清的占 20.0%，明确没有参考价格的占 12.7%；预调研发现被试“为获得富媒体图书愿意支付的最高价格均值为 53.62 元”，“愿意接受的最低价格（低于该价格，会怀疑富媒体图书质量有问题）均值为 32.13 元”，“富媒体图书使您满意的价格均值为 47.79 元”。

1）内部一致性检验（信度检验）

内部一致性检验主要有两种方法。第一种方法是通过计算各测量题项的题目与总分的简单相关系数（*ITC*）（表示该题目与所有题目总分之间的相关系数）或计算校正题目与总分相关系数（*CITC*）（表示该题目与其他题目总分之间的相关系数），相关系数越高并且显著表示该测量题项与量表其他测量题项所要测量的态度或行为在特征上越趋于一致，简单相关系数最好达到中高度相关以上，一般将测量题项与总分相关系数不高且不显著和校正题目与总分相关系数小于 0.5 的测量题项进行剔除。第二种方法是计算量表的内部一致性 Cronbach's α 系数，在测量题项净化之前和之后分别计算相关变量的 Cronbach's α 系数，以准确评价剔除某题项后各变量的测量量表的内部一致性信度水平是否有显著提升。本书依据上述两种方法计算的结果（见表 3.9），P_{WTP}、P_{normal}、*AV*3 和 *AV*6 的 *CITC* 都小于 0.5 而且删除该题项后的 Cronbach's α 系数都增加了，因此这 4 个测量题项应删除。净化测量题项后可以得到一个稳健可靠的测量量表，然后再对测量量表中的所有测量题项进行探索性因子分析，以此评价概念划分的准确性。

表 3.9 非文化类富媒体图书预调研的信度检验

Table 3.9 reliability test ofpre-surveyonNon-cultural rich media books

变量	题项代码	*ITC*	*CITC*	Cronbach's α（如删除该题项）	Cronbach's α
参考价格（*RP*）	P_{value}	0.80**	0.70	0.80	0.84
	P_{fair}	0.84**	0.76	0.79	
	P_{good}	0.81**	0.71	0.79	
	P_{normal}	0.59**	0.40	0.86	
	P_{expect}	0.90**	0.84	0.77	
	P_{WTP}	0.55**	0.37	0.86	

续表

变量	题项代码	*ITC*	*CITC*	Cronbach's α（如删除该题项）	Cronbach's α
感知质量（*PQ*）	*PQ*1	0.83**	0.73	0.87	0.89
	*PQ*2	0.76**	0.64	0.89	
	*PQ*3	0.87**	0.79	0.86	
	*PQ*4	0.89**	0.82	0.85	
	*PQ*5	0.83**	0.72	0.88	
获得价值（*AV*）	*AV*1	0.77**	0.70	0.88	0.89
	*AV*2	0.82**	0.76	0.87	
	*AV*3	0.49**	0.36	0.90	
	*AV*4	0.79**	0.72	0.87	
	*AV*5	0.81**	0.75	0.87	
	*AV*6	0.55**	0.41	0.90	
	*AV*7	0.77**	0.69	0.88	
	*AV*8	0.80**	0.73	0.87	
	*AV*9	0.85**	0.80	0.87	
交易价值（*TV*）	*TV*1	0.89**	0.82	0.94	0.94
	*TV*2	0.92**	0.88	0.93	
	*TV*3	0.92**	0.87	0.93	
	*TV*4	0.92**	0.87	0.93	
	*TV*5	0.88**	0.81	0.94	
购买意愿（*PI*）	*PI*1	0.90**	0.82	0.86	0.90
	*PI*2	0.86**	0.77	0.88	
	*PI*3	0.87**	0.75	0.89	
	*PI*4	0.89**	0.80	0.87	

2)探索性因子分析

量表进行信度检验后，要进行因子分析，以检验量表的建构效度。建构效度就是妥当赋予变量操作性定义的程度，就是量表能正确测量理论上构念或特征的程度。本书在剔除 P_{normal}、P_{WTP}、*AV*3、*AV*6“垃圾题项”后，对剩余的 25 个测量题项进行探索性因子分析（EFA）。统计分析结果显示，这些测量指标的 *KMO* 值为 0.93 大于 0.8 并且 Bartlett's 球形检验结果显著（χ^2=3 169.79，d*f*=300，*p*=0.000），这说明量表非常适宜进行因子分析。本书利用 SPSS22.0 软件的主成分分析法，以特征值大于 1 为标准提取因子，并利用方差最大正交旋转法通过 25 次旋转迭代获得目标因子，因子负荷量小于 0.5 时不予显示，因子分析结果见表 3.10。

表 3.10　非文化类富媒体图书预调研的探索性因子分析

Table 3.10　exploratory factor analysis of pre-surveyonNon-cultural rich media books

变量	题项代码	因子				
		1	2	3	4	5
参考价格（*RP*）	P_{value}				0.89	
	P_{fair}				0.87	
	P_{good}				0.83	
	P_{expect}				0.91	
感知质量（*PQ*）	*PQ*1			0.85		
	*PQ*2			0.70		
	*PQ*3			0.84		
	*PQ*4			0.81		
	*PQ*5			0.70		
获得价值（*AV*）	*AV*1		0.72			
	*AV*2		0.73			
	*AV*4		0.67			
	*AV*5		0.72			
	*AV*7		0.64			
	*AV*8		0.56			
	*AV*9		0.67			
交易价值（*TV*）	*TV*1	0.80				
	*TV*2	0.78				
	*TV*3	0.83				
	*TV*4	0.79				
	*TV*5	0.71				
购买意愿（*PI*）	*PI*1					0.76
	*PI*2					0.74
	*PI*3					0.71
	*PI*4					0.77

从表 3.10 中可以看出，经过探索性因子分析，共出现 5 个特征值大于 1 的因子，而且这 5 个因子的累计方差解释率为 76.28%，说明这些因子中保留了原始数据中较多的信息，具有很好的代表性。从因子负荷量看，25 个测量题项都只在单一因子上具有较大负荷量，且因子负荷量都大于 0.5 的标准，同时也没有出现交叉负荷的情况。上述统计分析结果表明，利用上述 25 个测量题项测量参考价格、感知质量、获得价值、交易价值、购买意愿这 5 个概念是合理的，量表具有较好的信度和效度。

本书采用“Harman 单因素检验”对共同方法偏差进行初步检验，对 25 个测量题项进行探索性因子分析时，共析出 5 个因子而且未旋转的因子分析结果显示第一个因子解释力（46.88%）小于 50%，因此本次预调研的共同方法偏差在可控范围之内。

3.3.2 文化类富媒体图书预调研

本书的文化类富媒体图书以畅销书《人类简史》《朗读者》等书为例，调查的受访者为 18~39 岁的青年群体，利用问卷星进行线上调研，受访者主要通过微信群、QQ 群及转发随机邀请，受访者通过手机在线填答问卷。本次预调研历时两周，收到问卷 244 份，其中有效问卷 189 份，问卷有效回收率为 77.46%，预调研有效问卷数量满足测量题项与受访者比例最好为 1∶5 以及被试样本总数不得少于 100 人的要求。预调研的有效样本中：男性占 37%，女性占 63%；专科及以下占 29.6%，本科占 43.4%，硕士占 15.3%，博士及以上占 11.6%；18~22 岁占 64.0%，23~25 岁占 18.5%，26~30 岁占 9.5%，31~39 岁占 7.9%（选择其他，为非本次调研对象，结束问卷调查）；而且认为富媒体图书与传统纸质图书相比变化非常大的占 30.7%，大的占 52.3%，说不清的占 12.7%，认为变化小的占 3.2%，非常小的占 1.1%；有 78.8%的受访者可能购买富媒体图书，说不清的占 20.6%，明确不可能购买富媒体图书的占 0.6%；有 65.6%的受访者购买富媒体图书时心中有参考价格，说不清的占 24.3%，明确没有参考价格的占 10.1%。预调研发现被试“为获得富媒体图书愿意支付的最高价格均值为 52.96 元”，“愿意接受的最低价格（低于该价格，会怀疑富媒体图书质量有问题）均值为 31.23 元”，“富媒体图书使您满意的价格均值为 44.76 元”。

1）内部一致性检验（信度检验）

本书通过计算各测量题项的题目与总分相关系数（*ITC*）、校正题目与总分相关系数（*CITC*）和各变量的 Cronbach's α 系数，并依据其结果（见表 3.11）净化测量题项：将校正题目与总分相关系数小于 0.5 的测量题项 *CV*1 和 *CV*3 进行剔除，而且删

除 *CV*1 和 *CV*3 之后计算的 Cronbach's α 系数高于删除之前的 Cronbach's α 系数，因此剔除这两个题项后 *CV* 变量的量表内部一致性信度水平有显著提升。得到一个稳健可靠的测量量表后，就可对测量量表中的所有测量题项进行探索性因子分析。

表 3.11　文化类富媒体图书预调研的信度检验

Table 3.11　reliability test of pre-survey on cultural rich media books

变量	题项代码	*ITC*	*CITC*	Cronbach's α（如删除该题项）	Cronbach's α
文化价值（*CV*）	*CV*1	0.64**	0.46	0.85	0.84
	*CV*2	0.65**	0.53	0.83	
	*CV*3	0.63**	0.45	0.85	
	*CV*4	0.69**	0.58	0.82	
	*CV*5	0.81**	0.73	0.80	
	*CV*6	0.81**	0.73	0.80	
	*CV*7	0.85**	0.79	0.79	
感知质量（*PQ*）	*PQ*1	0.85**	0.76	0.89	0.91
	*PQ*2	0.81**	0.70	0.90	
	*PQ*3	0.89**	0.82	0.88	
	*PQ*4	0.89**	0.82	0.88	
	*PQ*5	0.86**	0.77	0.89	
交易价值（*TV*）	*TV*1	0.88**	0.81	0.91	0.93
	*TV*2	0.87**	0.80	0.92	
	*TV*3	0.88**	0.80	0.92	
	*TV*4	0.88**	0.81	0.91	
	*TV*5	0.91**	0.85	0.91	
获得价值（*AV*）	*AV*1	0.88**	0.84	0.94	0.95
	*AV*2	0.85**	0.79	0.94	
	*AV*4	0.88**	0.83	0.94	
	*AV*5	0.88**	0.83	0.94	
	*AV*7	0.89**	0.84	0.94	
	*AV*8	0.86**	0.81	0.94	
	*AV*9	0.88**	0.83	0.94	

续表

变量	题项代码	*ITC*	*CITC*	Cronbach's α（如删除该题项）	Cronbach's α
购买意愿（*PI*）	*PI*1	0.92**	0.85	0.86	0.907
	*PI*2	0.89**	0.81	0.87	
	*PI*3	0.85**	0.73	0.90	
	*PI*4	0.88**	0.78	0.89	
参考价格（*RP*）	P_{value}	0.96**	0.92	0.96	0.97
	P_{fair}	0.96**	0.93	0.96	
	P_{good}	0.95**	0.90	0.96	
	P_{expect}	0.96**	0.93	0.96	

2)探索性因子分析

在剔除 *CV*1、*CV*3“垃圾题项”后,对剩余的 30 个测量题项进行探索性因子分析（EFA）。统计分析结果显示,这些测量指标的 *KMO* 值为 0.93,大于 0.8,并且 Bartlett's 球形检验结果显著（χ^2=5 583.78，d*f*=435，*p*=0.000）,这说明量表非常适宜进行因子分析。本书利用 SPSS22.0 软件的主成分分析法,以特征值大于 1 为标准提取因子,并利用方差最大正交旋转法通过 25 次旋转迭代获得目标因子,因子负荷量小于 0.5 的测量题项予以剔除，*CV*2 的因子负荷量为 0.46,小于 0.5,故剔除该测量题项,因子分析结果见表 3.12。

表 3.12 文化类富媒体图书预调研的探索性因子分析

Table 3.12 exploratory factor analysis of pre-survey of cultural rich media books

变量	题项代码	因子					
		1	2	3	4	5	6
文化价值（*CV*）	*CV*2				0.46		
	*CV*4				0.73		
	*CV*5				0.88		
	*CV*6				0.85		
	*CV*7				0.86		

续表

变量	题项代码	因子					
		1	2	3	4	5	6
感知质量（*PQ*）	*PQ*1			0.70			
	*PQ*2			0.63			
	*PQ*3			0.77			
	*PQ*4			0.78			
	*PQ*5			0.74			
交易价值（*TV*）	*TV*1		0.82				
	*TV*2		0.69				
	*TV*3		0.81				
	*TV*4		0.66				
	*TV*5		0.74				
获得价值（*AV*）	*AV*1	0.67					
	*AV*2	0.66					
	*AV*4	0.69					
	*AV*5	0.80					
	*AV*7	0.82					
	*AV*8	0.67					
	*AV*9	0.83					
购买意愿（*PI*）	*PI*1						0.72
	*PI*2						0.69
	*PI*3						0.67
	*PI*4						0.70
参考价格（*RP*）	P_{value}					0.96	
	P_{fair}					0.95	
	P_{good}					0.96	
	P_{expect}					0.94	

从表 3.12 中可以看出，经过探索性因子分析，共出现 6 个特征值大于 1 的因子，而且这 6 个因子的累计方差解释率为 79.06%，说明这些因子中保留了原始数据中较多的信息，具有很好的代表性。从因子负荷量看，剔除 *CV*2 后的 29 个测量题项都只在单一因子上具有较大负荷量，且因子负荷量都大于 0.5 的标准，同时也没有出现交

叉负荷的情况。上述统计分析结果表明，利用上述 29 个测量题项测量文化价值、感知质量、交易价值、获得价值、购买意愿、参考价格这 6 个概念是合理的，量表具有较好的信度和效度。

本书采用“Harman 单因素检验”对共同方法偏差进行初步检验，对 30 个测量题项进行探索性因子分析时，共析出 6 个因子而且未旋转的因子分析结果显示第一个因子解释力（45.89%）小于 50%，因此本次预调研的共同方法偏差在可控范围之内。

本次预调研与非文化类富媒体图书预调研是在相隔 3 个月后的不同时间进行的，从调研结果看，消费者对富媒体的认知以及可接受的价格区间没有显著变化，而且统计检验结论表明各个变量的测量量表具有较好的重测信度。

3.4 本章小结

本章主要明确参考价格、文化价值、感知质量、获得价值、交易价值、购买意愿 6 个变量的测量量表以及本书的问卷设计和数据收集方法，并通过预调研对各个变量的测量题项进行信度检验和探索性因子分析以纯化量表，为正式调研提供一个可信可靠稳定的测量量表。

4 非文化类富媒体图书购买意愿假设模型检验

消费者购买非文化类图书的主要目的是获取知识和专业信息,在消费者可接受的价格区间内,不同价格水平策略下非文化类富媒体图书购买意愿的变化,以及不同价格水平策略下参考价格对非文化类富媒体图书购买意愿的影响以及参考价格通过获得价值、交易价值、感知质量等变量对购买意愿作用机理的变化是本章的研究重点。

4.1 数据收集与检验

4.1.1 数据收集

本章的非文化类富媒体图书以在校的大学生自主选用的专业教辅图书为例,如《财务分析案例》,纸质版销售价格 42.8 元。本章基于预调研的结果:"为获得富媒体图书愿意支付的最高价格(均值为 53.62 元)","愿意接受的最低价格(低于该价格,会怀疑富媒体图书质量有问题)(均值为 32.13 元)","您认为富媒体图书合理的定价(均值为 47.79 元)"。综合考虑纸质版图书售价 42.80 元的情况,以及富媒体图书的研发成本、预期利润等因素,最后确定富媒体图书适中价格策略为 47.80 元,渗透价格策略为 37.80 元,撇脂价格策略为 52.80 元。不同价格水平策略下,消费者的价格、价值、感知质量和购买意愿的评价都是基于特定的价格环境中,以及在传统纸介质图书和富媒体图书相比较的环境下进行的。

调查的受访者为在读的大学生,因为他们与问卷中的自主选用的专业教辅类富媒体图书密切相关。问卷调查利用问卷星进行线上调研,受访者通过手机微信在线填答问卷。为保证数据质量题目顺序随机,同时受访者匿名填写而且填答问卷时间不少于 10 分钟，如少于 10 分钟问卷会被判定无效；一部手机只能提交一次问卷，有效问卷的受访者还可参与现金红包抽奖，中奖概率为 1/3，奖金额度为 5~20 元不等。

本次调查为期 3 个月，每种价格水平策略 1 个月，共收集到 932 份有效问卷。37.80 元价格水平的有效问卷 306 份（本科生 83.7%，硕士生 16.3%；女生 65.4%，男生 34.6%；18 岁及以下占 1.6%，19~22 岁占 79.7%，23 岁及以上占 18.7%；认为富媒体图书与传统纸质图书相比变化非常大的占 31.4%，大的占 31.0%，说不清的占 26.5%，认为变化小的占 10.1%，非常小的占 1.0%；受访者中有 59.5%的同学愿意自主购买教材或教辅，说不清的占 34.0%，明确不愿意自主购买的占 6.5%；受访者中有 60.1%的同学自主购买富媒体教材或教辅时心中有参考价格，说不清的占 32.0%，明确没有参考价格的占 7.8%）。47.80 元价格水平的有效问卷 324 份（本科生 61.4%，硕士生 38.6%；女生 63.6%，男生 36.4%；18 岁及以下占 1.5%，19~22 岁占 53.1%，23 岁及以上占 45.4%；而且认为富媒体图书与传统纸质图书相比变化非常大的占 27.8%，大的占 34.6%，说不清的占 25.6%，认为变化小的占 10.8%，非常小的占 1.2%；受访者中有 62.0%的同学愿意自主购买教材或教辅，说不清的占 29.9%，明确不愿意自主购买的占 8.0%；受访者中有 61.7%的同学自主购买富媒体教材或教辅时心中有参考价格，说不清的占 25.6%，明确没有参考价格的占 12.7%）。52.80 元价格水平的有效问卷 302 份（本科生 70.2%，硕士生 29.8%；女生 58.9%，男生 41.1%；18 岁及以下占 2.3%，19~22 岁占 70.9%，23 岁及以上占 26.8%；认为富媒体图书与传统纸质图书相比变化非常大的占 38.7%，大的占 25.2%，说不清的占 23.5%，认为变化小的占 11.6%，非常小的占 1.0%；受访者中有 56.3%的同学愿意自主购买教材或教辅，说不清的占 31.8%，明确不愿意自主购买的占 11.9%；受访者中有 58.9%的同学自主购买富媒体教材或教辅时心中有参考价格，说不清的占 32.80%，明确没有参考价格的占 8.3%）。

4.1.2 效度检验（因子分析）

本书的效度检验主要利用探索性因子分析和验证性因子分析。首先对获得的数据进行探索性因子分析（EFA），我们利用 SPSS22.0 软件的主成分分析法，以特征值大于 1 为标准提取因子，并利用方差最大正交旋转法通过 25 次旋转迭代获得目标因子，统计分析结果显示适合进行因子分析（渗透价格策略下 *KMO* 值为 0.92，大于 0.9，并且 Bartlett's 球形检验结果显著，χ^2=5 334.21，d*f*=300，*p*=0.000；适中价格策略下 *KMO* 值为 0.95，大于 0.9，并且 Bartlett's 球形检验结果显著，χ^2=6 520.02，d*f*=300，

p=0.000；撇脂价格策略下 *KMO* 值为 0.94，大于 0.9，并且 Bartlett's 球形检验结果显著，χ^2=6 870.16，df=300，p=0.000）；旋转后出现 5 个特征值大于 1 的因子，而且这 5 个因子的累计方差解释率为：渗透价格策略下 71.37%，适中价格策略下 75.53%，撇脂价格策略下 78.40%，而且未旋转的因子分析结果显示第一个因子解释力（渗透价格策略下 41.06%，适中价格策略下 46.61%，撇脂价格策略下 45.15%）小于 50%；从因子负荷量看，25 个测量题项都只在单一因子上具有较大负荷量，且因子负荷量都大于 0.5 的标准，同时也没有出现交叉负荷的情况。上述统计分析结果表明，量表非常适宜进行因子分析，而且这些因子中保留了原始数据中较多的信息，量表不但具有较好的建构效度，而且共同方法偏差在可控范围之内。

探索性因子分析（EFA）的目的在于确认量表因子结构，倾向于理论产出而非理论架构的检验。探索性因子分析（EFA）之后量表的因子和测量题项都已确定，但我们要进一步验证量表的因子结构模型是否与实际收集的数据相契合，测量题项是否可以有效测量因子构念，即进行验证性因子分析（CFA）。验证性因子分析（CFA）是结构方程（SEM）家族的一个应用典型，它不但可以检验一组测量变量与一组可以解释测量变量的因子构念间的关系，还可以分析指标变量的信度和效度。我们利用 AMOS17.0 软件对数据进行验证性因子分析（CFA），结论见表 4.1（a 代表渗透价格策略，b 代表适中价格策略，c 代表撇脂价格策略）。检验结果表明：五因子模型明显优于其他竞争性模型，而且五因子模型的各项拟合指标都达到了临界值要求（χ^2/df 小于 3，*CFI* 和 *TLI* 都大于 0.9，*RMSEA* 小于 0.08，*SRMR* 小于 0.05），这表明五因子模型具有很好的区别效度。

表 4.1　非文化类富媒体图书验证性因子分析结果

Table 4.1　confirmatory factor analysis results of non-cultural rich media books

模型	χ^2/ df	*CFI*	*TLI*	*RMSEA*	*SRMR*
五因子 A、B、C、D、E	[a]2.07	0.95	0.94	0.06	0.04
	[b]1.71	0.98	0.97	0.05	0.05
	[c]1.91	0.97	0.96	0.05	0.03
四因子 A、B+C、D、E	[a]3.93	0.85	0.83	0.10	0.08
	[b]3.94	0.88	0.87	0.10	0.07
	[c]5.07	0.84	0.82	0.12	0.08

续表

模型	$\chi^2/\mathrm{d}f$	*CFI*	*TLI*	*RMSEA*	*SRMR*
三因子 A、B+C+D、E	[a]5.14	0.78	0.76	0.12	0.10
	[b]5.42	0.82	0.80	0.12	0.08
	[c]6.22	0.79	0.77	0.13	0.09
二因子 A、B+C+D+E	[a]5.85	0.75	0.72	0.13	0.10
	[b]5.99	0.80	0.78	0.12	0.09
	[c]7.23	0.75	0.73	0.14	0.09
单因子 A+B+C+D+E	[a]8.40	0.61	0.57	0.16	0.13
	[b]8.66	0.69	0.66	0.15	0.11
	[c]10.86	0.60	0.56	0.18	0.13

注:A 代表参考价格,B 代表交易价值,C 代表获得价值,D 代表感知质量,E 代表购买意愿,+代表合并。

根据五因子模型的标准化负荷值(见表 4.2, a 代表渗透价格策略, b 代表适中价格策略, c 代表撇脂价格策略,显著性 p 值均小于 0.001),可以计算各个因子(潜在变量)的平均方差抽取量(*AVE* 值)。平均方差抽取量越大,指标变量被潜在变量构念解释的变异量百分比越大,相对的测量误差就越小,一般的判别标准要求平均方差抽取量(*AVE* 值)大于 0.5。平均方差抽取量是潜在变量可以解释其指标变量变异量的比值,是一种收敛效度的指标,数值越大表示测量指标越能有效反映其共同因子构念的潜在特质。不同价格水平策略下各个因子的平均方差抽取量(*AVE* 值见表 4.2)都在 0.6 以上,这说明量表具有较高的收敛效度。

4.1.3 信度检验

进行因子分析后,为了进一步验证问卷的可靠性,需要进行信度检验。我们计算量表的内部一致性 Cronbach's α 系数。Cronbach's α 系数值越接近 1,量表的信度就越高,一般认为信度系数值最好在 0.80 以上。如果信度系数值在 0.90 以上,则信度更佳。计算结果表明:不同价格水平策略下各个量表的 Cronbach's α 系数(见表 4.2)都大于或接近 0.9,这说明量表具有较好的信度。不同价格策略下收集的数据是在不同时间针对不同被试进行的,这也说明量表具有较高的重测信度。

根据五因子模型的标准化负荷值,可以计算各个因子(潜在变量)的组合信度(*CR*)。组合信度(*CR*)可作为检验潜在变量的信度指标,该指标为模型内在质量的判别准则之一，如潜在变量的组合信度（*CR*）在 0.6 以上，则表示模型的内在质量较佳。不同价格水平策略下各个因子的组合信度（*CR* 值见表 4.2）都在 0.87 以上，这说明五因子模型的内在质量很好，而且各个因子的信度也较高。

表 4.2 非文化类富媒体图书信度检验

Table 4.2 reliability test of non-cultural rich media books

变量	题项代码	标准化负荷值***	Cronbach's α	*CR* 值	*AVE* 值
参考价格（*RP*）	P_{value}	0.74[a]（0.91[b]）（0.90[c]）	0.89[a] 0.91[b] 0.93[c]	0.90[a] 0.91[b] 0.94[c]	0.69[a] 0.72[b] 0.78[c]
	P_{fair}	0.86[a]（0.79[b]）（0.94[c]）			
	P_{good}	0.88[a]（0.80[b]）（0.86[c]）			
	P_{expect}	0.82[a]（0.89[b]）（0.85[c]）			
感知质量（*PQ*）	*PQ*1	0.75[a]（0.74[b]）（0.76[c]）	0.88[a] 0.89[b] 0.91[c]	0.88[a] 0.89[b] 0.91[c]	0.61[a] 0.62[b] 0.67[c]
	*PQ*2	0.77[a]（0.72[b]）（0.81[c]）			
	*PQ*3	0.86[a]（0.82[b]）（0.86[c]）			
	*PQ*4	0.78[a]（0.85[b]）（0.83[c]）			
	*PQ*5	0.72[a]（0.79[b]）（0.83[c]）			
获得价值（*AV*）	*AV*1	0.80[a]（0.80[b]）（0.82[c]）	0.92[a] 0.93[b] 0.94[c]	0.92[a] 0.93[b] 0.94[c]	0.63[a] 0.66[b] 0.70[c]
	*AV*2	0.69[a]（0.73[b]）（0.78[c]）			
	*AV*4	0.80[a]（0.84[b]）（0.83[c]）			
	*AV*5	0.82[a]（0.85[b]）（0.89[c]）			
	*AV*7	0.80[a]（0.81[b]）（0.84[c]）			
	*AV*8	0.80[a]（0.79[b]）（0.82[c]）			
	*AV*9	0.84[a]（0.85[b]）（0.85[c]）			
交易价值（*TV*）	*TV*1	0.76[a]（0.86[b]）（0.86[c]）	0.90[a] 0.94[b] 0.95[c]	0.90[a] 0.94[b] 0.95[c]	0.64[a] 0.77[b] 0.79[c]
	*TV*2	0.82[a]（0.91[b]）（0.89[c]）			
	*TV*3	0.79[a]（0.88[b]）（0.89[c]）			
	*TV*4	0.80[a]（0.89[b]）（0.91[c]）			
	*TV*5	0.83[a]（0.83[b]）（0.89[c]）			
购买意愿（*PI*）	*PI*1	0.87[a]（0.88[b]）（0.91[c]）	0.87[a] 0.90[b] 0.91[c]	0.88[a] 0.90[b] 0.91[c]	0.65[a] 0.70[b] 0.73[c]
	*PI*2	0.83[a]（0.84[b]）（0.83[c]）			
	*PI*3	0.67[a]（0.79[b]）（0.80[c]）			
	*PI*4	0.84[a]（0.84[b]）（0.87[c]）			

4.1.4 共同方法偏差的检验

本书为了控制共同方法偏差效应，在问卷调研时邀请了不同地区不同高校的学生在不同时间填写，同时采取了匿名填写、打乱题项顺序、控制填写时间和手机 IP 等方法。而且，探索性因子分析表明，未旋转的因子分析结果显示第一个因子解释力小于 50%，也说明共同方法偏差在可控范围之内。

本书还进一步采用“无可测方法的潜在误差变量控制法”检验共同方法偏差的情况。该检验方法是将共同方法偏差 *CMB* 作为一个潜变量放入结构方程模型再对比模型拟合度，加入后渗透价格策略下 χ^2/df 为 2.03，*CFI* 为 0.95，*TLI* 为 0.94，*RMSEA* 为 0.06，*SRMR* 为 0.04；适中价格策略下 χ^2/df 为 1.67，*CFI* 为 0.98，*TLI* 为 0.97，*RMSEA* 为 0.05，*SRMR* 为 0.05；撇脂价格策略下 χ^2/df 为 1.78，*CFI* 为 0.97，*TLI* 为 0.97，*RMSEA* 为 0.05，*SRMR* 为 0.03。与五因子模型的拟合度指标相比（见表 4.2）优化均不明显，由此可见，共同方法偏差对本书影响在可控范围内。

4.2 理论模型检验

4.2.1 变量的描述性统计

不同价格水平策略下，参考价格（*RP*）、感知质量（*PQ*）、获得价值（*AV*）、交易价值（*TV*）、购买意愿（*PI*）等各变量的均值、标准差和相关系数见表 4.3（a 代表渗透价格策略，b 代表适中价格策略，c 代表撇脂价格策略）。表 4.3 的结果表明：性别、学历、年龄等人口统计变量与购买意愿的相关性较小且不显著，而参考价格（*RP*）、感知质量（*PQ*）、获得价值（*AV*）、交易价值（*TV*）与购买意愿的相关性却较大且显著，这证明了人们对非文化类富媒体图书的偏好和行为倾向主要由 *LVs*（潜在价值变量）决定，这与 Andy 等学者的结论“*LVs* 路径和 *SDs* 路径的重要性呈相反关系”一致。变量之间的相关性也为部分假设检验提供了初步支持，如：获得价值（r^a=0.68，r^b=0.76，r^c=0.76，p<0.01），交易价值（r^a=0.66，r^b=0.75，r^c=0.68，p<0.01）均与购买意愿显著高度正相关，初步证明了假设 H5 和 H6 可能成立；获得价值与交易价值（r^a=0.59，r^b=0.71，r^c=0.61，p<0.01）也显著高度正相关，初步证明了假设 H4 可能成立。表 4.3 中括号里的数值为相应变量 *AVE* 值的平方根，*AVE* 值的平方根均大于左下方各变量

的相关系数,这也表明本书的量表具有较好的区别效度。

表 4.3 非文化类富媒体图书变量的描述性统计

Table 4.3 descriptive statistics of variables of non-cultural rich media books

变量	均值	标准差	1	2	3	4*RP*	5*PQ*	6*AV*	7*TV*	8*PI*
1 性别	[a]1.66	0.48	1							
	[b]1.74	0.44	1							
	[c]1.59	0.49	1							
2 学历	[a]1.16	0.37	−0.07	1						
	[b]1.39	0.49	0.09	1						
	[c]1.30	0.46	−0.06	1						
3 年龄	[a]2.17	0.42	−0.05	0.77**	1					
	[b]2.53	0.51	0.05	0.61**	1					
	[c]2.25	0.48	0.01	0.57**	1					
4 参考价格 *RP*	[a]32.01	6.57	−0.10	0.06	0.05	1(0.83)				
	[b]40.31	7.36	0.02	0.00	0.03	1(0.85)				
	[c]43.00	10.10	0.15*	−0.05	−0.01	1(0.89)				
5 感知质量 *PQ*	[a]4.92	0.85	0.08	0.06	0.18**	0.03	1(0.78)			
	[b]5.17	0.85	0.01	0.03	0.01	0.25**	1(0.79)			
	[c]5.14	1.00	0.01	0.00	0.07	0.27**	1(0.82)			
6 获得价值 *AV*	[a]5.04	0.89	0.02	0.04	0.13*	0.10	0.67**	1(0.79)		
	[b]5.00	0.93	0.02	0.04	0.08	0.35**	0.68**	1(0.82)		
	[c]5.06	1.03	−0.02	−0.03	0.03	0.25**	0.78**	1(0.83)		
7 交易价值 *TV*	[a]4.70	1.01	−0.02	0.00	0.01	0.33**	0.33**	0.59**	1(0.80)	
	[b]4.54	1.26	−0.05	0.01	0.07	0.48**	0.48**	0.71**	1(0.88)	
	[c]4.43	1.35	0.03	0.02	0.04	0.30**	0.51**	0.61**	1(0.89)	
8 购买意愿 *PI*	[a]4.74	0.91	−0.02	0.05	0.08	0.22**	0.48**	0.68**	0.66**	1(0.80)
	[b]4.88	1.02	−0.08	0.05	0.09	0.46**	0.55**	0.76**	0.75**	1(0.84)
	[c]4.83	1.13	0.01	0.03	0.06	0.29**	0.69**	0.76**	0.68**	1(0.85)

注:*表示 $p<0.05$, **表示 $p<0.01$。

4.2.2 价格水平策略的方差分析

我们以不同价格水平策略为因子,以参考价格、感知质量、交易价值、获得价值、购买意愿为结果变量,进行单因素方差分析。方差分析结果表明:在渗透、适中、撇脂不同价格策略下随着富媒体图书销售价格水平的提高,消费者的参考价格均值显著提高($RP_{渗透策略}$=32.01,$RP_{适中策略}$=40.61,$RP_{撇脂策略}$=43.00,$p<0.001$);感知质量在渗透价格策略下显著下降,而适中价格策略和撇脂价格策略下的变化不明显($PQ_{渗透策略}$=4.92,$PQ_{适中策略}$=5.17,$PQ_{撇脂策略}$=5.14,$p<0.05$);交易价值($TV_{渗透策略}$=4.70,$TV_{适中策略}$=4.54,$TV_{撇脂策略}$=4.43,$p>0.06$)、获得价值($AV_{渗透策略}$=5.04,$AV_{适中策略}$=5.00,$AV_{撇脂策略}$=5.06,$p>0.49$)、购买意愿($PI_{渗透策略}$=4.74,$PI_{适中策略}$=4.88,$PI_{撇脂策略}$=4.83,$p>0.18$)的差异显著性p值都大于0.05的最低标准,即交易价值、获得价值和购买意愿在不同价格水平策略下的均值变化都不显著。这也表明消费者的购买意愿在一定价格区间内对非文化类富媒体图书销售价格水平不敏感。又因为适中价格策略和撇脂价格策略下消费者的感知质量明显提升,因此从不影响消费同时又能促进图书出版高质量发展和消费提质升级的角度看,适中价格策略和撇脂价格策略优于渗透价格策略。

4.2.3 结构方程模型检验

为了深入研究理论模型中各个假设是否成立,我们将不同价格水平策略下问卷调查得到的数据导入AMOS17.0软件,对假设模型(图2.13)进行拟合分析,不同价格水平策略下各个模型的拟合度指标为:渗透价格策略下卡方值χ^2=533.21,卡方自由度之比(χ^2/df)=2.03,TLI=0.94,CFI=0.95,$RMSEA$=0.06,$SRMR$= 0.04;适中价格策略下卡方值χ^2=478.48,卡方自由度之比(χ^2/df)=1.81,TLI=0.96,CFI=0.97,$RMSEA$=0.05,$SRMR$= 0.05;撇脂价格策略下卡方值χ^2=477.73,卡方自由度之比(χ^2/df)=1.82,TLI=0.97,CFI=0.97,$RMSEA$=0.05,$SRMR$= 0.04。结果表明,不同价格水平策略下假设模型(图2.13)的拟合度指标均达到了临界值的要求,结构方程模型拟合良好。虽然不同价格水平策略下消费者的购买意愿没有显著变化,但不同价格水平策略下参考价格对购买意愿的影响机理却有显著差异。渗透价格策略下,参考价格主要通过影响交易价值进而影响购买意愿;适中价格策略下,除了渗透价格策略的路径外,参考价格还通过感知质量影响获得价值进而影响购买意愿;撇脂价格策略下,除了适中价格策略的路径外,参考价格还通过感知质量影响购买意愿。不同价格水平策略下结构模型的路径系数及其显著性如图 4.1、图 4.2 和图 4.3 所示，**表示 $p<0.01$，***表示 $p<0.001$，虚线表示路径系数不显著。

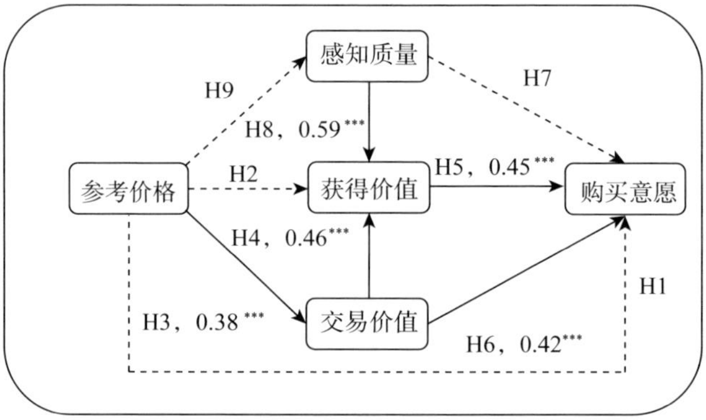

图 4.1　非文化类富媒体图书渗透价格策略下的模型检验

Figure 4.1　model test under penetration price strategy of non-cultural rich media books

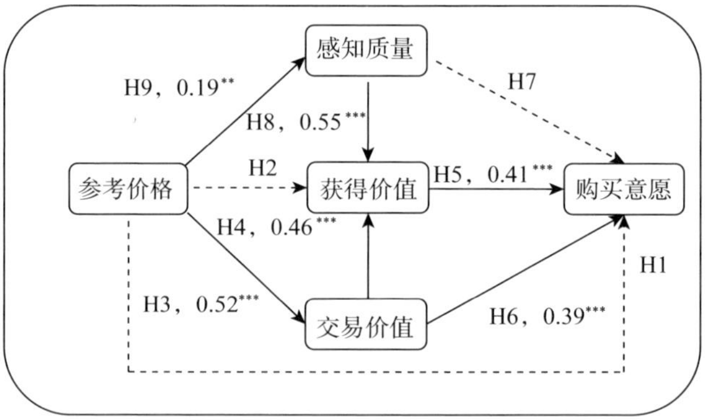

图 4.2　非文化类富媒体图书适中价格策略下的模型检验

Figure 4.2　model test under moderate price strategy of non-cultural rich media books

1）假设检验

检验结果表明：H3、H4、H5、H6、H8 在不同价格水平策略下均成立；H9 在适中和撇脂价格策略下才成立，即对于非文化类富媒体图书，消费者仅在产品价格较高时才会利用参考价格推断产品质量；H7 仅在撇脂价格策略下成立，即非文化类富媒体图书的感知质量仅在产品价格很高时才会直接影响购买意愿；H1 和 H2 在不同价格策略下的结构模型中均不成立，即参考价格对获得价值和购买意愿的直接作用不显著。各假设在不同价格水平策略下是否成立见表 4.4,表中“√”表示假设成立,表中“×”表示假设不成立。

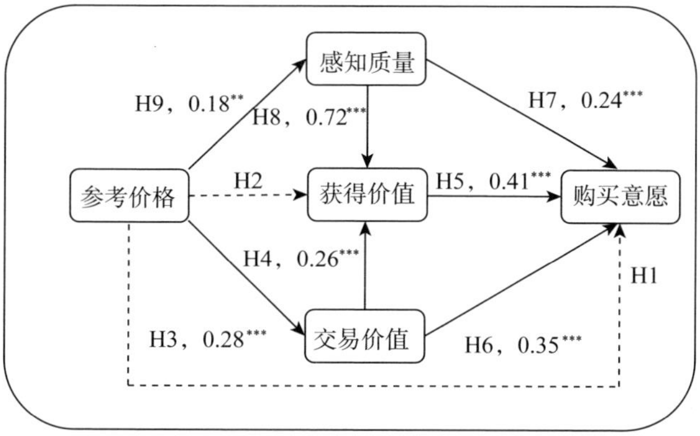

图 4.3 非文化类富媒体图书撇脂价格策略下的模型检验

Figure 4.3 model test under skimming price strategy of non-cultural rich media books

表 4.4 非文化类富媒体图书假设检验结果

Table 4.4 hypothesis test results of non-cultural rich media books

假设	H1	H2	H3	H4	H5	H6	H7	H8	H9
渗透价格策略	×	×	√	√	√	√	×	√	×
适中价格策略	×	×	√	√	√	√	×	√	√
撇脂价格策略	×	×	√	√	√	√	√	√	√

2)标准化总效应分析

参考价格对购买意愿的直接作用不显著,但它可以通过影响交易价值、感知质量等变量进而影响购买意愿。因此,我们进一步考察了参考价格、交易价值、获得价值和感知质量各个变量对消费者购买意愿的标准化总效应(见表 4.5)。结果表明:渗透价格策略下,交易价值(0.63)的作用最强;适中价格策略下,交易价值(0.58)和参考价格(0.45)的作用较强,但总的来说各个因素的作用比较均衡;撇脂价格策略下,感知质量(0.53)的作用最强。纵向看,参考价格对购买意愿的作用在适中价格策略下最强;交易价值对购买意愿的作用总体上说很强,但随着定价水平的上升其作用在下降;获得价值对购买意愿的作用不如交易价值,但不同价格策略下变化不大,比较稳定；感知质量对购买意愿的作用在撇脂价格策略下最强，在适中价格策略和渗透价格策略下的作用显著下降，但适中价格策略和渗透价格策略之间的变化不大。撇脂价格策略下，感知质量对购买意愿的作用最强，而参考价格对购买意愿的作用最弱，因此在不影响非文化类富媒体图书消费的条件下，同时又能促进图书出版高质量发展和消费提质升级的角度看，撇脂价格策略优于适中价格策略和渗透价格策略。

表 4.5 非文化类富媒体图书各变量对购买意愿的总效应

Table 4.5 total effect of various variables on purchase intention of non-cultural rich media books

变量	价格策略	参考价格	交易价值	获得价值	感知质量
购买意愿	渗透	0.24	0.63	0.45	0.30
	适中	0.45	0.58	0.41	0.33
	撇脂	0.16	0.46	0.41	0.53

3)中介效应分析

结构模型中参考价格对购买意愿的直接作用不显著，但是否存在其作用被交易价值、感知质量等变量完全中介的情况，需要进一步分析。我们以参考价格为自变量、以购买意愿为因变量进行回归分析（渗透价格策略 $\beta_{rp}=0.22$，$p=0.000$，adj$R^2=0.05$，$f^2=R^2/(1-R^2)=0.05<0.13$；适中价格策略 $\beta_{rp}=0.46$，$p=0.000$，adj$R^2=0.21$，$f^2=R^2/(1-R^2)=0.27>0.13$；撇脂价格策略 $\beta_{rp}=0.29$，$p=0.000$，adj$R^2=0.08$，$f^2=R^2/(1-R^2)=0.09<0.13$），结果说明：渗透价格策略和撇脂价格策略下，参考价格变量的回归系数虽然显著，但其对购买意愿的解释力很弱，即参考价格变量虽显著，但没有实际意义（一般认为 $f^2=R^2/(1-R^2)<0.13$ 即解释力很弱，但没有实际意义）。适中价格策略下，参考价格对购买意愿的直接影响显著，但在结构模型中，其作用被交易价值、感知质量、获得价值变量完全中介了，如图 4.2 所示，我们用偏差校正的非参数百分位 *Bootstrap* 法检验各个中介路径中介效应的 95%的置信区间（*Bootstrap*=2 000）：*RP→TV→BI*，中介效应（路径系数乘积非标准化）=0.04，$p=0.000$，95%的置信区间为（0.02，0.06）；*RP→TV→AV→BI*，中介效应（路径系数乘积非标准化）=0.02，$p=0.012$，95%的置信区间为（0.01，0.03）；*RP→AV→BI*，中介效应（路径系数乘积非标准化）=0.00，$p=0.919$，95%的置信区间为（−0.01，0.01）；*RP→PQ→BI*，中介效应（路径系数乘积非标准化）=0.01，$p=0.166$，95%的置信区间为（0.00，0.02）；*RP→PQ→AV→BI*，中介效应（路径系数乘积非标准化）=0.01，$p=0.059$，95%的置信区间为（0.00，0.02）。只

有 $RP \to TV \to BI$ 和 $RP \to TV \to AV \to BI$ 的中介效应显著而且 95%的置信区间不包括零,其余中介效应均不显著,同时 $RP \to TV \to BI$ 和 $RP \to TV \to AV \to BI$ 中介效应的差额为 0.02,p=0.248,95%的置信区间为(−0.01,0.05),即二者中介效应的差距不显著;又因为 $RP \to BI$ 的路径系数的估计值为 0.01,p=0.161,95%的置信区间为(−0.01,0.03)。因此适中价格策略下参考价格对购买意愿的影响被交易价值和获得价值完全中介,渗透价格策略下参考价格主要通过交易价值和获得价值间接影响购买意愿,撇脂价格策略下参考价格主要通过感知质量、交易价值和获得价值间接影响购买意愿。

4.3　价格框架效应分析

富媒体图书作为一种纸媒和数字媒体相融合的创新型图书,由纸质图书 A 和数字资源 B 捆绑而成。在撇脂价格策略下,富媒体图书的价格(p)也有两种价格框架策略:整合价格框架($P_{in}=P_{A+B}$),即富媒体图书以一个价格打包销售;分离价格框架($P_{se}=P_A+P_B$),即纸质图书 A 和数字资源 B 分别定价可以独立销售;两种价格框架下,$P_{in}=P_{se}$。同一撇脂价格策略下,非文化类富媒体图书在不同价格框架策略下,消费者的购买意愿是否会发生显著变化需要进一步探讨,即非文化类富媒体图书的价格框架能否促进消费。

我们在非文化类富媒体图书撇脂价格策略下,即整合价格框架为 52.8 元(P_{A+B}=52.8 元);在综合考虑富媒体图书的研发成本、预期利润、消费者可接受的价格区间等因素,确定分离价格框架为纸质图书 37.8 元,书中 30 处数字化资源定价 15 元,合计也为 52.8 元(P_A=37.8 元,P_B=15 元)。我们在分离价格框架下(P_A=37.8 元,P_B=15 元)对消费者购买意愿进行了调研,问卷的其他部分与撇脂价格策略下(P_{A+B}=52.8 元)相同,数据收集方法也与撇脂价格策略下(P_{A+B}=52.8 元)相同,均利用问卷星进行线上调研,受访者通过手机微信在线填答问卷。

分离价格框架下(P_A=37.8 元,P_B=15 元)的有效问卷 104 份(本科生 56.7%,硕士生 43.3%;女生 63.5%,男生 36.5%;18 岁及以下占 2.9%,19~22 岁占 52.9%,23 岁及以上占 44.2%;认为富媒体图书与传统纸质图书相比变化非常大的占 23.1%,大的占 48.1%,说不清的占 24.0%,认为变化小的占 3.8%,非常小的占 1.0%;受访者中有 60.5%的同学愿意自主购买教材或教辅,说不清的占 38.5%,明确不愿意自主购买的占 1.0%;受访者中有 54.8%的同学自主购买富媒体教材或教辅时心中有参考价格,说不清的占 31.70%,明确没有参考价格的占 13.5%)。分离价格框架下被试的基本特点和对富媒体图书的认知与撇脂价格策略下基本相似。

我们将分离价格框架下(P_A=37.8 元, P_B=15 元)收集到的数据与整合价格框架(即撇脂价格策略)下(P_{A+B}=52.8 元)收集到的数据进行独立样本的 *T* 检验(为减小样本大小的差异,我们将整合价格框架下的数据分成 3 组,每组样本数分别为 101、100 和 101),分离价格框架和整合价格框架独立样本 *T* 检验的结果见表 4.6,表中每组数字为均值差异和显著性 *p* 值。

表 4.6 非文化类富媒体图书框架效应分析

Table 4.6 framework effect analysis of non-cultural rich media books

T 检验	*RP*	*PQ*	*AV*	*TV*	*PI*
分离-整合 1	-10.80,0.000	0.18,0.17	0.13,0.34	0.61,0.000	0.09,0.48
分离-整合 2	-10.59,0.000	-0.02,0.86	-0.02,0.89	0.37,0.024	0.11,0.44
分离-整合 3	-12.62,0.000	-0.04,0.77	-0.02,0.88	0.42,0.016	0.01,0.98

T 检验结果表明:非文化类富媒体图书在撇脂价格策略下,分离价格框架与整合价格框架相比,参考价格均值显著下降,交易价值均值显著增加,但感知质量、获得价值、购买意愿等与促进消费和消费提质升级密切相关的要素却没有发生显著变化,即分离价格框架不能显著提升非文化类富媒体图书的购买意愿和感知质量。

4.4 本章小结

本章主要研究了消费者可接受的价格区间内不同价格水平策略下,参考价格是如何通过交易价值、获得价值、感知质量影响非文化类富媒体图书购买意愿的。通过对假设模型的检验和分析,发现不同价格水平策略下消费者对富媒体图书的购买意愿无显著差异,而且参考价格主要通过感知质量、交易价值和获得价值间接影响购买意愿;撇脂价格策略下感知质量对购买意愿的作用最强,更有利于促进非文化类富媒体图书消费的提质升级,而且撇脂价格策略下分离价格框架和整合价格框架下的购买意愿也无显著差异,即非文化类富媒体图书应实行整合价格框架的撇脂价格策略。

5　文化类富媒体图书购买意愿假设模型检验

文化类富媒体图书具有文化价值和经济价值的二元性，而且因独有的文化价值一直是文化政策和文化经济学关注的焦点。文化类富媒体图书作为一种文化创新，与同类纸介质图书相比：出版社品牌、作者等因素均相同；而富媒体图书的价格、产品形态、内容及组织形式均显著不同。我国纸介质图书市场长期“价格战”的结果，使消费者的价格预期长期出现扭曲，消费者的利益敏感性下降，价格敏感性上升。《人民日报（海外版）》刊发的“2017 年中国出版十件大事”，认为在图书价格战当中，商业已经走到文化的对立面，这是一种短视，而且放眼世界范围来看中国书价是最低的，这主要是指文化类图书的定价较低。文化类富媒体图书不但是一种文化创新产品，更具有较高的文化价值，因此在可接受的价格区间内，本章重点研究撇脂价格策略下采取不同价格框架策略时文化类富媒体图书购买意愿的变化，以及不同价格框架策略下文化价值、参考价格对文化类富媒体图书购买意愿作用机理的变化。同时，为了探索如何进一步修复因“价格战”而长期扭曲的图书价格预期，本章进一步研究了消费者可接受价格区间外，较高价格水平条件下，文化价值和参考价格是如何影响文化类富媒体图书购买意愿的。

5.1　数据收集与检验

5.1.1　数据收集

本章的文化类富媒体图书以畅销书《人类简史》《朗读者》等文化类图书为例，并基于文化类富媒体图书预调研结果，“为获得富媒体图书愿意支付的最高价格均值为 52.96 元”，“愿意接受的最低价格（低于该价格，会怀疑富媒体图书质量有问题）均值为 31.23 元”，“富媒体图书使您满意的价格均值为 44.76 元”。综合考虑纸质版图书售价 45 元的情况，以及富媒体图书的研发成本、预期利润等因素，最后确定文化类富媒体图书撇脂价格策略为 52.80 元，其中：整合价格框架为 52.8 元（P_{A+B}=52.8 元）；分离价格框架为纸质图书 A 售价 37.8 元，书中 30 处数字化资源 B 售价 15 元，合计也为 52.8 元（P_A=37.8 元，P_B=15 元）。分离价格框架下（P_A=37.8 元，P_B=15 元）与整合价格框架下（P_{A+B}=52.8 元）的问卷，除了价格表达的框架不同外，其余内容完全相同。不同价格框架策略下，消费者的参考价格、文化价值、获得价值、交易价值、感知质量和购买意愿的评价都是基于特定的价格框架中，以及在传统纸介质图书和富媒体图书相比较的环境下进行的。

调查的受访者为 18~39 岁的青年群体，因为第十五次全国国民阅读调查报告显示，39 岁以下青年群体是数字化阅读行为的主要人群。问卷调查利用问卷星进行线上调研，受访者通过手机微信在线填答问卷。为保证数据质量题目顺序随机，同时受访者匿名填写而且填答问卷时间不少于 10 分钟，如少于 10 分钟问卷会被判定无效；一部手机只能提交一次问卷，有效问卷的受访者还可参与现金红包抽奖，中奖概率为 1/3，奖金额度为 5~20 元不等。

本次调查为期 1 个月，共收集到 705 份有效问卷。分离价格框架下（P_A=37.8 元，P_B=15 元）的有效问卷 353 份（男性占 29.7%，女性占 70.3%；专科及以下占 9.1%，本科占 50.4%，硕士占 32.9%，博士及以上占 7.6%；18~22 岁占 54.7%，23~25 岁占 27.2%，26~30 岁占 9.3%，31~39 岁占 8.8%（选择其他，为非本次调研对象，结束问卷调查）；而且认为富媒体图书与传统纸质图书相比变化非常大的占 26.6%，大的占 50.4%，说不清的占 18.1%，认为变化小的占 4.5%，非常小的占 0.4%；有 74.5%的受访者可能购买富媒体图书，说不清的占 24.6%，明确不可能购买富媒体图书的占 0.8%；有 65.2%的受访者购买富媒体图书时心中有参考价格，说不清的占 31.4%，明确没有参考价格的占 3.4%。）。整合价格框架下（P_{A+B}=52.8 元）的有效问卷 352 份（男性占 34.9%，女性占 65.1%；专科及以下占 7.7%，本科占 69.9%，硕士占 19.6%，博士及以上占 2.8%；18~22 岁占 72.7%，23~25 岁占 19.7%，26~30 岁占 2.8%，31~39 岁占 4.8%，（选择其他，为非本次调研对象，结束问卷调查）；而且认为富媒体图书与传统纸质图书相比变化非常大的占 20.7%，大的占 54.8%，说不清的占 18.8%，认为变化小的占 5.4%，非常小的占 0.3%；有 66.8%的受访者可能购买富媒体图书，说不清的占 32.1%，明确不可能购买富媒体图书的占 1.1%；有 65.6%的受访者购买富媒体图书时心中有参考价格，说不清的占 27.6%，明确没有参考价格的占 6.8%）。

5.1.2 效度检验(因子分析)

本书的效度检验主要利用探索性因子分析和验证性因子分析。首先对获得的数据进行探索性因子分析(EFA),我们利用 SPSS22.0 软件的主成分分析法,以特征值大于 1 为标准提取因子,并利用方差最大正交旋转法通过 25 次旋转迭代获得目标因子,统计分析结果显示:分离价格框架下(P_A=37.8 元,P_B=15 元),*KMO* 值为 0.95 大于 0.9 并且 Bartlett's 球形检验结果显著(χ^2=9 777.74,d*f*=406,*p*=0.000),结果出现 6 个特征值大于 1 的因子,而且这 6 个因子的累计方差解释率为 79.11%,而且未旋转的因子分析结果显示第一个因子解释力(46.13%)小于 50%;从因子负荷量看 29 个测量题项都只在单一因子上具有较大负荷量,且因子负荷量都大于 0.5 的标准,同时也没有出现交叉负荷的情况;整合价格框架下(P_{A+B}=52.8 元),*KMO* 值为 0.95,大于 0.9,并且 Bartlett's 球形检验结果显著(χ^2=8 269.31,d*f*=406,*p*=0.000);结果出现 6 个特征值大于 1 的因子,而且这 6 个因子的累计方差解释率为 76.02%,而且未旋转的因子分析结果显示第一个因子解释力(42.82%)小于 50%;从因子负荷量看 29 个测量题项都只在单一因子上具有较大负荷量,且因子负荷量都大于 0.5 的标准,同时也没有出现交叉负荷的情况。上述统计分析结果表明,量表非常适宜进行因子分析,而且这些因子中保留了原始数据中较多的信息,量表不但具有较好的建构效度,而且共同方法偏差在可控范围之内。

我们利用 AMOS17.0 软件对分离价格框架和整合价格框架的数据进行验证性因子分析(CFA),结论见表 5.1(d 代表分离价格框架,e 代表整合价格框架)。检验结果表明:六因子模型明显优于其他竞争性模型而且六因子模型的各项拟合指标都达到了临界值要求(χ^2/d*f* 小于 3,*CFI* 和 *TLI* 都大于 0.9,*RMSEA* 小于 0.08,*SRMR* 小于 0.05),这表明六因子模型具有很好的区别效度。

表 5.1 文化类富媒体图书验证性因子分析结果

Table 5.1 confirmatory factor analysis results of cultural rich media books

模型	χ^2/ d*f*	*CFI*	*TLI*	*RMSEA*	*SRMR*
六因子 A、B、C、D、E、F	d1.98	0.96	0.96	0.05	0.04
	e1.62	0.97	0.97	0.04	0.04

续表

模型	χ^2/df	*CFI*	*TLI*	*RMSEA*	*SRMR*
五因子 A、B+C、D、E、F	ᵈ3.99	0.89	0.88	0.09	0.06
	ᵉ3.18	0.90	0.89	0.08	0.06
四因子 A、B+C+D、E、F	ᵈ5.14	0.84	0.83	0.11	0.07
	ᵉ4.70	0.83	0.81	0.10	0.08
三因子 A、B+C+D+ F、E	ᵈ6.46	0.79	0.77	0.12	0.08
	ᵉ6.26	0.76	0.74	0.12	0.09
二因子 A、B+C+D+E+F	ᵈ7.47	0.75	0.73	0.14	0.09
	ᵉ6.89	0.73	0.70	0.13	0.09
单因子 A+B+C+D+E+ F	ᵈ12.09	0.57	0.53	0.18	0.13
	ᵉ9.94	0.58	0.55	0.16	0.13

注：A 代表参考价格，B 代表交易价值，C 代表获得价值，D 代表感知质量，E 代表购买意愿，F 代表文化价值，+代表合并。

根据六因子模型的标准化负荷值（见表 5.2，d 代表分离价格框架，e 代表整合价格框架，显著性 p 值均小于 0.001），可以计算各个因子（潜在变量）的平均方差抽取量（*AVE* 值见表 5.2）都在 0.6 以上，大于 0.5，这说明量表具有较高的收敛效度。

5.1.3 信度检验

因子分析后，为了进一步验证问卷的可靠性，需要进行信度检验。我们首先计算量表的内部一致性 Cronbach's α 系数，Cronbach's α 系数值越接近 1，量表的信度就越高，一般认为信度系数值最好在 0.80 以上。如果信度系数值在 0.90 以上，则信度更佳。计算结果表明：各个量表的 Cronbach's α 系数（见表 5.2）都大于或接近 0.9，这说明量表具有较好的信度。整合价格框架和分离价格框架下收集的数据是在不同时间针对不同被试进行的，这也说明量表具有较高的重测信度。

根据六因子模型的标准化负荷值，可以计算各个因子（潜在变量）的组合信度（*CR*）。组合信度（*CR*）可作为检验潜在变量的信度指标，该指标为模型内在质量的判别准则之一，如潜在变量的组合信度（*CR*）在 0.6 以上，则表示模型的内在质量较佳，整合价格框架和分离价格框架下各个因子的组合信度（*CR* 值见表 5.2）都大于或接近 0.9，这说明六因子模型的内在质量很好而且各个因子的信度也较高。

表 5.2 文化类富媒体图书信度检验

Table 5.2 reliability test of cultural rich media books

变量	题项代码	标准化负荷值***	Cronbach's α	*CR* 值	*AVE* 值
文化价值（*CV*）	*CV*4	0.77[d]（0.76[e]）	0.89[d] 0.89[e]	0.89[d] 0.89[e]	0.68[d] 0.68[e]
	*CV*5	0.80[d]（0.79[e]）			
	*CV*6	0.85[d]（0.87[e]）			
	*CV*7	0.86[d]（0.86[e]）			
参考价格（*RP*）	P_{value}	0.87[d]（0.91[e]）	0.96[d] 0.93[e]	0.96[d] 0.94[e]	0.87[d] 0.78[e]
	P_{fair}	0.96[d]（0.87[e]）			
	P_{good}	0.94[d]（0.85[e]）			
	P_{expect}	0.95[d]（0.91[e]）			
感知质量（*PQ*）	*PQ*1	0.78[d]（0.81[e]）	0.91[d] 0.89[e]	0.91[d] 0.89[e]	0.67[d] 0.63[e]
	*PQ*2	0.71[d]（0.68[e]）			
	*PQ*3	0.85[d]（0.83[e]）			
	*PQ*4	0.91[d]（0.87[e]）			
	*PQ*5	0.80[d]（0.75[e]）			
获得价值（*AV*）	*AV*1	0.78[d]（0.83[e]）	0.95[d] 0.92[e]	0.95[d] 0.92[e]	0.72[d] 0.64[e]
	*AV*2	0.82[d]（0.71[e]）			
	*AV*4	0.90[d]（0.83[e]）			
	*AV*5	0.90[d]（0.81[e]）			
	*AV*7	0.91[d]（0.82[e]）			
	*AV*8	0.79[d]（0.81[e]）			
	*AV*9	0.82[d]（0.77[e]）			
交易价值（*TV*）	*TV*1	0.77[d]（0.85[e]）	0.94[d] 0.94[e]	0.94[d] 0.94[e]	0.76[d] 0.76[e]
	*TV*2	0.90[d]（0.89[e]）			
	*TV*3	0.85[d]（0.87[e]）			
	*TV*4	0.92[d]（0.90[e]）			
	*TV*5	0.92[d]（0.88[e]）			
购买意愿（*PI*）	*PI*1	0.87[d]（0.90[e]）	0.91[d] 0.90[e]	0.91[d] 0.90[e]	0.72[d] 0.70[e]
	*PI*2	0.88[d]（0.87[e]）			
	*PI*3	0.80[d]（0.78[e]）			
	*PI*4	0.85[d]（0.79[e]）			

5.1.4 共同方法偏差的检验

本书为了控制共同方法偏差效应，在问卷调研时邀请了不同地区不同高校的学生在不同时间填写，同时采取了匿名填写、打乱题项顺序、控制填写时间和手机 IP 等方法。而且，探索性因子分析表明未旋转的因子分析结果显示第一个因子解释力小于 50%，也说明共同方法偏差在可控范围之内。

利用“无可测方法的潜在误差变量控制法”检验共同方法偏差，即将共同方法偏差 *CMB* 作为一个潜变量放入结构方程模型再对比模型拟合度。整合价格框架下，加入后 χ^2/df 为 1.58，*CFI* 为 0.98，*TLI* 为 0.98，*RMSEA* 为 0.03，*SRMR* 为 0.03；分离价格框架下，加入后 χ^2/df 为 1.85，*CFI* 为 0.97，*TLI* 为 0.96，*RMSEA* 为 0.05，*SRMR* 为 0.03。均与六因子模型的拟合度指标（见表 5.1）相比优化不明显。由此可见，共同方法偏差对本书影响在可控范围内。

5.2 理论模型检验

5.2.1 变量的描述性统计

不同价格框架下，参考价格（*RP*）、文化价值（*CV*）、感知质量（*PQ*）、获得价值（*AV*）、交易价值（*TV*）、购买意愿（*PI*）等各变量的均值、标准差和相关系数见表 5.3（d 代表分离价格框架，e 代表整合价格框架）。表 5.3 的结果表明：性别、学历、年龄等人口统计变量与购买意愿的相关性较小且不显著，而文化价值（*CV*）、感知质量（*PQ*）、获得价值（*AV*）、交易价值（*TV*）与购买意愿的相关性却较大且显著，参考价格（*RP*）与购买意愿的相关性在分离价格框架下较小且不显著，在整合价格框架下虽显著但相关性不是很高，这也证明了人们对文化类富媒体图书的偏好和行为倾向主要由 *LVs*（潜在价值变量）决定。变量之间的相关性也为部分假设检验提供了初步支持，如：获得价值（$r^d=0.70$，$r^e=0.68$，$p<0.01$），文化价值（$r^d=0.51$，$r^e=0.49$，$p<0.01$）均与购买意愿显著高度正相关，初步证明了假设 H5 和 H10 可能成立；获得价值与交易价值（$r^d=0.70$，$r^e=0.69$，$p<0.01$）也显著高度正相关，初步证明了假设 H4 可能成立。表 5.3 中括号里的数值为相应变量 *AVE* 值的平方根，*AVE* 值的平方根均大于左下方各变量的相关系数，这也表明本书的量表具有较好的区别效度。

表 5.3 文化类富媒体图书变量的描述性统计

Table 5.3 descriptive statistics of cultural rich media book variables

变量	均值	标准差	1	2	3	4*RP*	5*CV*	6*PQ*	7*AV*	8*TV*	9*PI*
1 性别	^{d}1.70	0.46	1								
	^{e}1.65	0.48	1								
2 学历	^{d}2.39	0.76	−0.03	1							
	^{e}2.18	0.60	−0.04	1							
3 年龄	^{d}1.72	0.96	−0.02	0.22**	1						
	^{e}1.40	0.77	−0.08	0.38**	1						
4 参考价格 *RP*	^{d}37.26	12.76	0.03	−0.02	−0.07	1(0.93)					
	^{e}43.92	8.64	0.04	−0.11*	−0.13*	1(0.89)					
5 文化价值 *CV*	^{d}5.59	0.88	−0.04	−0.03	0.08	0.08	1(0.82)				
	^{e}5.52	0.94	−0.09	0.07	0.01	0.06	1(0.82)				
6 感知质量 *PQ*	^{d}5.32	0.87	−0.08	−0.01	0.18**	0.04	0.61**	1(0.82)			
	^{e}5.21	0.85	−0.09	0.02	0.02	0.13*	0.62**	1(0.79)			
7 获得价值 *AV*	^{d}5.30	0.88	−0.11*	0.01	0.14*	0.03	0.57**	0.74**	1(0.85)		
	^{e}4.98	0.93	−0.11*	−0.15**	−0.01	0.18**	0.41**	0.58**	1(0.80)		
8 交易价值 *TV*	^{d}4.95	1.03	−0.05	−0.02	0.16**	−0.01	0.40**	0.56**	0.70**	1(0.87)	
	^{e}4.54	1.11	−0.13*	−0.10	−0.02	0.08	0.35**	0.56**	0.69**	1(0.87)	
9 购买意愿 *PI*	^{d}5.23	0.90	−0.06	0.08	0.08	0.09	0.51**	0.63**	0.70**	0.56**	1(0.85)
	^{e}4.95	0.98	−0.10	−0.03	0.01	0.10	0.49**	0.62**	0.68**	0.67**	1(0.84)

注:*表示 $p<0.05$,**表示 $p<0.01$。

5.2.2 不同价格框架下的购买意愿差异分析

我们以不同价格框架策略为因子,以参考价格、文化价值、感知质量、交易价值、获得价值、购买意愿为结果变量,进行独立样本 *T* 检验。*T* 检验结果表明:分离价格框架与整合价格框架相比,消费者的参考价格均值显著下降($RP_{分离框架}=37.26$,$RP_{整合框架}=43.92$,$p<0.001$);感知质量($PQ_{分离框架}=5.32$,$PQ_{整合框架}=5.21$,$p=0.08>0.05$)和文化价值增长不明显($CV_{分离框架}=5.59$,$CV_{整合框架}=5.48$,$p=0.10>0.05$);交易价值($TV_{分离框架}=4.95$,$TV_{整合框架}=4.54$,$p<0.001$)、获得价值($AV_{分离框架}=5.30$,$AV_{整合框架}=4.98$,$p<0.001$)、购买意愿($PI_{分离框架}=5.23$,$PI_{整合框架}=4.95$,$p<0.001$)显著提升。这也表明:针对文化类富媒体图书撇脂价格水平策略下,分离价格框架更有利于显著提升消费者的获得价

值、交易价值和购买意愿，而且购买意愿显著提升的同时感知质量和文化价值变化却不明显。因此，从促进文化类富媒体图书消费同时又能保证图书出版高质量发展和消费提质升级的角度看，分离价格框架优于整合价格框架。

5.2.3 结构方程模型检验

为了深入研究分离价格框架下和整合价格框架下，文化类富媒体图书购买意愿假设模型中各个假设是否成立，我们将不同价格框架策略下问卷调查得到的数据导入 AMOS17.0 软件，对理论模型（图 2.13）进行拟合分析，不同价格框架策略下各个模型的拟合度指标为：分离价格框架下，卡方值 χ^2=718.00，卡方自由度之比（χ^2/df）=1.98，TLI=0.96，CFI=0.96，$RMSEA$=0.05，$SRMR$= 0.04；整合价格框架下，卡方值 χ^2=587.43，卡方自由度之比（χ^2/df）=1.62，TLI=0.97，CFI=0.97，$RMSEA$=0.04，$SRMR$= 0.04。结果表明，分离价格框架和整合价格框架下模型拟合度指标均达到了临界值的要求，模型拟合良好。分离价格框架下，参考价格对购买意愿的直接影响和间接作用都很弱，文化价值对购买意愿的直接影响很弱主要是通过感知质量、获得价值、交易价值等变量间接影响购买意愿；整合价格框架下，参考价格对购买意愿的直接影响很弱，主要是通过感知质量、获得价值、交易价值等变量间接影响购买意愿，文化价值对购买意愿的直接影响较强，同时也通过感知质量、获得价值、交易价值等变量间接影响购买意愿。不同价格框架下，结构模型的路径系数及其显著性如图 5.1 和图 5.2 所示，**表示 $p<0.01$，***表示 $p<0.001$，虚线表示路径系数不显著。

1）假设检验

检验结果表明：H4、H5、H7、H8、H12、H13 在不同价格框架下均成立；H2、H3、H6、H9 在整合价格框架下成立，在分离价格框架下不成立，即对于文化类富媒体图书撇脂价格策略下，仅在整合价格框架下参考价格效应才能充分发挥作用，消费者会利用参考价格推断产品质量，参考价格会影响获得价值和交易价值，交易价值会直接影响购买意愿；H10 在整合价格框架下成立，在分离价格框架下不成立，即文化价值对购买意愿的影响在整合价格框架下被部分中介，在分离价格框架下被完全中介；H11 在整合价格框架下不成立，在分离价格框架下成立，即仅在分离价格框架下文化价值才对获得价值产生直接的影响；H1 在不同价格框架下的结构模型中均不成立，即参考价格对购买意愿的直接作用不显著。各假设在不同价格水平策略下是否成立见表 5.4，表中“√”表示假设成立，“×”表示假设不成立。

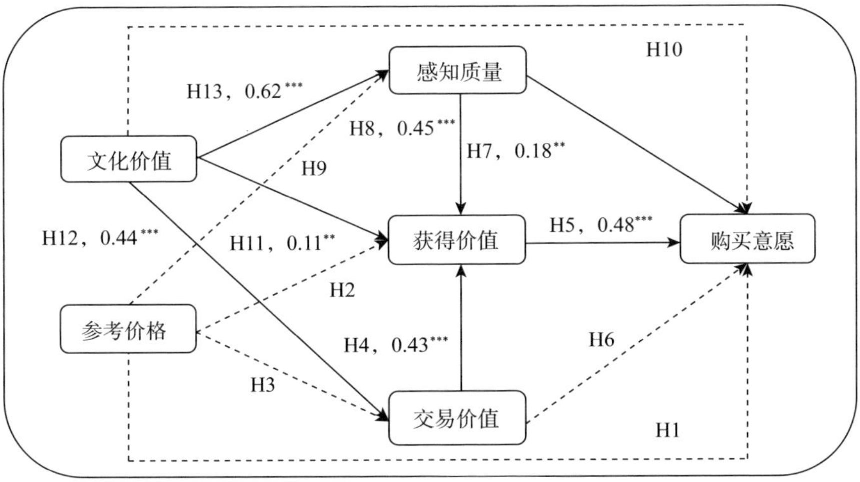

图 5.1 分离价格框架下文化类富媒体图书假设模型检验

Figure 5.1 test the hypothesis model of cultural rich media books under the framework of price separation

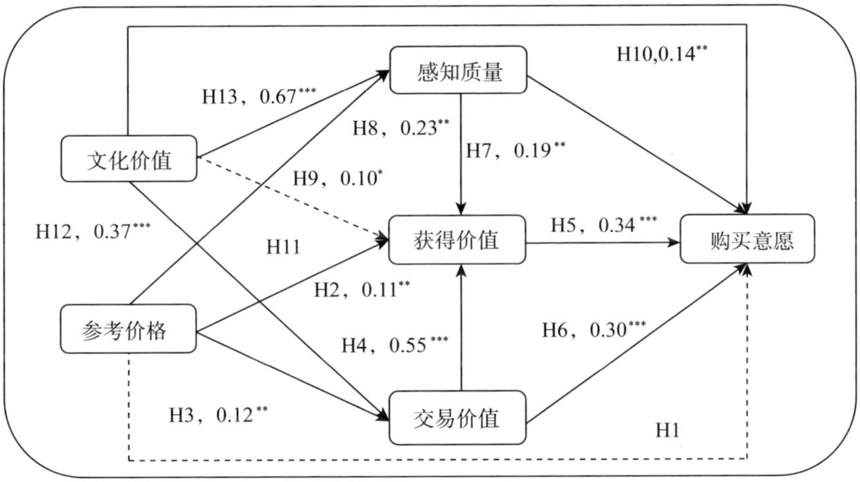

图 5.2 整合价格框架下文化类富媒体图书假设模型检验

Figure 5.2 test the hypothesis model of cultural rich media books under the framework of integrated price

表 5.4　文化类富媒体图书假设检验结果

Table 5.4　hypothesis test results of cultural rich media books

假设	H1	H2	H3	H4	H5	H6	H7	H8	H9	H10	H11	H12	H13
分离价格框架	×	×	×	√	√	×	√	√	×	×	√	√	√
整合价格框架	×	√	√	√	√	√	√	√	√	√	×	√	√

2)标准化总效应分析

我们进一步考察了参考价格、文化价值、交易价值、获得价值和感知质量各个变量对消费者购买意愿的标准化总效应，括号中的数字为标准化的间接总效应(见表 5.5)。结果表明：分离价格框架下，文化价值(0.53)和获得价值(0.48)的作用很强，参考价格的作用最弱(0.05)；整合价格框架下，文化价值(0.53)和交易价值(0.49)的作用很强，参考价格(0.14)的作用仍然较弱。纵向看，参考价格对购买意愿的作用在分离价格框架下最弱；文化价值对购买意愿的作用在不同价格框架下都是最强的，而且基本没有变化；交易价值对购买意愿的作用在分离价格框架下弱于整合价格框架下的作用；获得价值和感知质量对购买意愿的作用在分离价格框架下明显强于整合价格框架下的作用。因此，文化类富媒体图书分离价格框架不但能促进购买意愿的提升，同时又能促进消费的提质升级，因此文化类富媒体图书分离价格框架优于整合价格框架。

表 5.5　文化类富媒体图书各变量对购买意愿的总效应

Table 5.5　total effect of various variables on purchase intention of cultural rich media books

变量	价格框架	参考价格	文化价值	交易价值	获得价值	感知质量
购买意愿	分离	0.05	0.53	0.30	0.48	0.40
	整合	0.14	0.53	0.49	0.34	0.27

3)中介效应分析

结构模型中参考价格对购买意愿的作用较小，而且我们以参考价格为自变量，以购买意愿为因变量进行回归分析，发现：分离价格框架下，标准化回归系数 β_{rp}=0.09，p=0.11，adjR^2=0.01；整合价格框架下，标准化回归系数 β_{rp}=0.10，p=0.06，adjR^2=0.01。结果说明分离价格框架下和整合价格框架下参考价格对购买意愿的影响较小且不显著，解释力也很弱($f^2= R^2/(1-R^2)=0.01<0.13$，一般认为 $f^2= R^2/(1-R^2)<0.13$ 即解释力

很弱,没有实际意义),即参考价格变量对购买意愿没有直接的实际影响。因此,参考价格对购买意愿的影响不存在中介效应,但整合价格框架下参考价格可以通过影响交易价值、获得价值、感知质量变量进而间接影响购买意愿。

无论哪种价格框架下,文化价值对购买意愿的影响都是最强的而且间接效应也很强,因此有必要进一步分析中介效应。在理论模型拟合良好的基础上,我们需要进行中介效应显著性检验、特定中介效应比较分析。我们按方杰等(2014)的方法检验中介效应,用偏差校正的非参数百分位 *Bootstrap* 法检验回归系数的 95%的置信区间(*Bootstrap*=2 000),如特定中介效应的置信区间不包含零,则相应的中介效应显著,检验结果如表 5.6 所示。

表 5.6 文化价值的中介效应分析

Table 5.6 analysis of the mediating effect of cultural values

中介效应	估计值	95%置信区间	结果
$CV \to TV \to PI$	分离:0.05	(−0.01,0.14)	×
	整合:0.15	(0.05,0.27)	√
$CV \to AV \to PI$	分离:0.06	(0.00,0.13)	×
	整合:0.02	(−0.03,0.11)	×
$CV \to PQ \to PI$	分离:0.13	(0.03,0.26)	√
	整合:0.16	(0.03,0.33)	√
$CV \to TV \to AV \to PI$	分离:0.11	(0.07,0.19)	√
	整合:0.10	(0.04,0.21)	√
$CV \to PQ \to AV \to PI$	分离:0.16	(0.08,0.26)	√
	整合:0.07	(0.00,0.18)	×

而且各个中介路径的中介效应也没有显著差异。分离价格框架下,中介效应 $CV \to PQ \to PI$ 与 $CV \to TV \to AV \to PI$ 的差异, $CV \to PQ \to PI$ 与 $CV \to PQ \to AV \to PI$ 的差异,$CV \to TV \to AV \to PI$ 与 $CV \to PQ \to AV \to PI$ 的差异均不显著,差异的 95%置信区间分别为(−0.13, 0.17),(−0.20, 0.13),(−0.14, 0.03)。整合价格框架下,中介效应 $CV \to TV \to PI$ 与 $CV \to PQ \to PI$ 的差异, $CV \to TV \to PI$ 与 $CV \to TV \to AV \to PI$ 的差异,以及 $CV \to PQ \to PI$ 与 $CV \to TV \to AV \to PI$ 的差异均不显著,差异的 95%置信区间分别为(−0.17, 0.14),(−0.14, 0.21),(−0.14, 0.27)。因此,分离价格框架下,文化价值对购

买意愿的影响更多的是通过感知质量、交易价值和获得价值、感知质量和获得价值路径间接实现的，获得价值不但直接显著影响购买意愿，而且还是重要的中介变量；整合价格框架下，文化价值对购买意愿的影响更多的是通过交易价值、感知质量、交易价值和获得价值路径间接实现的。

4)参考价格调节效应分析

整合价格框架下参考价格会直接显著影响感知质量，而且研究发现价格作为质量指标有时不仅停留在感知层面，更会产生价格的“安慰剂效应”。在价格情境下，社会心理的相关因素对消费者的经济交易行为具有显著影响，研究发现，认知需求高的消费者所表现出的营销“安慰剂效应”越强。文化类富媒体图书以文化价值为核心，图书价格甚至可以被解释为是对未来的一种私人投资而不是消费，投资的结果获得了“文化货币”“社交货币”和“沟通货币”。因此，我们需要进一步检验 H14 是否成立，即参考价格对文化价值的作用是否有正向的调节效应。本书使用分层线性回归分析对假设进行检验。为减少多重共线性，回归分析前对文化价值和参考价格均做了中心化处理，回归分析结果见表 5.7。

表 5.7 参考价格调节效应分析

Table 5.7 analysis of price moderating effect by reference

变量	购买意愿					
	分离价格框架			整合价格框架		
	模型 1	模型 2	模型 3	模型 4	模型 5	模型 6
文化价值 *CV*	0.506***	0.503***	0.504***	0.490***	0.486***	0.486***
参考价格 *RP*		0.048	0.045		0.080	0.079
CV·*RP*			0.054			−0.019
R^2	0.256	0.259	0.262	0.240	0.246	0.246
adjR^2	0.254	0.254	0.255	0.237	0.242	0.240
ΔR^2	0.256***	0.003	0.003	0.240***	0.006	0.000
ΔF 值	120.955	122.049	123.444	110.302	113.193	113.460

注：***代表 $p<0.001$；系数均为标准化系数；模型 1 和 4 的 ΔR^2 是 R^2 与零比较而得，其他模型的 ΔR^2 是与其左边的模型比较而得。

模型 1 和 4 表明，文化价值对购买意愿均有显著的正向影响（*CV* 的回归系数分别为 0.506，0.490，且 p 值均小于 0.001；而且 R^2 和 adjR^2 也都超过 0.2，说明文化价值对购买意愿的解释力很强），即不同价格框架下假设 H10 均成立；模型 2 和 5 表明，参考价格对购买意愿的影响较弱（*RP* 的回归系数为 0.048 和 0.080，而且显著性 p 值都大于 0.05，ΔR^2 为 0.003 和 0.006 且显著性 p 值都大于 0.05，说明参考价格对购买意愿的解释力很弱），即不同价格框架下假设 H1 都不成立；模型 3 和 6 表明，参考价格的调节作用都不显著（$CV \cdot RP$ 的回归系数为 0.054 和−0.019，而且 p 值都大于 0.05，ΔR^2 为 0.003 和 0.000 且 p 值都大于 0.05，说明参考价格的调节作用不存在），即不同价格框架下假设 H14 都不成立。总之，52.8 元价格水平下针对文化类富媒体图书，文化价值对购买意愿的影响最大，参考价格对购买意愿的影响较弱而且也不存在调节效应。

5.3 分离价格框架下的价格优化

文化类富媒体图书分离价格框架与整合价格框架相比：第一，分离价格框架能显著提升消费者购买意愿，即促进文化类富媒体图书消费；第二，分离价格框架下，获得价值、感知质量等核心价值要素对购买意愿的影响更强，而参考价格、交易价值对购买意愿的影响却相对较弱，即分离价格框架能促进文化类富媒体图书消费的提质升级。因此，我们必须深入研究分离价格框架下，如何设定文化类富媒体图书的 P_A 和 P_B 实现生产商利润的最大化。这样有利于从促进文化类富媒体图书消费提质升级的视角和生产商利润最大化视角全方位评价分离价格框架效应。

5.3.1 模型的建立

分离价格框架下，获得价值对购买意愿的总效应为 0.48，仅次于文化价值总效应（0.53），不过文化价值的直接效应却不显著，大部分效应是通过中介变量实现的，尤其是 $CV \rightarrow TV \rightarrow AV \rightarrow PI$ 和 $CV \rightarrow PQ \rightarrow AV \rightarrow PI$ 路径都必须通过获得价值才能发挥作用。而获得价值对购买意愿的总效应 0.48 全部为直接效应，是所有变量中直接效应最强的（感知质量的直接效应 0.18，其他变量的直接效应均不显著，如图 5.1 所示）。因此，分离价格框架下，获得价值是预测消费者购买意愿最重要的变量。

交易价值理论认为，获得价值（*AV*）是物有所值的价格（P_{value}）或消费者愿意支付的最高价格（P^{max}）和销售价格 p 的函数，而且该价值被编码成整合的结果即 *AV*（$P_{value}-p$ 或 $P^{max}-p$）。在文化类富媒体图书分离价格框架下，我们以获得价值（*AV*）

为因变量，以物有所值的价格（P_{value}）和消费者愿意支付的最高价格（P^{max}）分别为自变量进行回归：P_{value} 的回归系数为 0.04，显著性 p 值为 0.418，R^2 为 0.002；P^{max} 的回归系数为 0.37，显著性 p 值为 0.000，R^2 为 0.14。结果表明：文化类富媒体图书分离价格框架下，消费者愿意支付的最高价格（P^{max}）能更好地预测获得价值（AV），因此本节利用（$P^{max}-p$）来计算获得价值。

分离价格框架下，文化类富媒体图书由纸质图书 A 和数字资源 B 两部分组成。纸质图书 A 是核心产品，价格为 P_A。数字资源 B 是补充产品，价格为 P_B，而且 $P_A+P_B=K$（K 为常数，本书的 K 为 52.8 元）。消费者对纸质图书 A 和数字资源 B 有不同的效用函数，而且消费者从数字资源 B 获得的效用是建立在从纸质图书 A 获得的效用基础之上的，即如果没有纸质图书 A，则数字资源 B 的效用为零。消费者从纸质图书 A 和数字资源 B 获得的最大效用，用消费者愿意支付价格的上限来代表，我们假设为 P_A^{max} 和 P_B^{max}。（消费者愿意支付价格的上限也称作保留价格，文化产品的经济价值也用该价格来代表。）

消费者对富媒体图书的购买意愿是存在显著差异的，即消费者的偏好是异质性的，每个消费者都有自己的偏好参数 t（$0\leqslant t\leqslant 1$），偏好参数低的消费者对产品的估价低，偏好参数高的消费者对产品的估价高。消费者购买决策取决于获得价值（AV）（经济学中也称消费者剩余），获得价值 AV 可用如下函数来表示，且 $P_A+P_B=K$，K 为常数。

只有当 $AV>0$ 时才会发生购买行为。偏好参数 t 反映的是消费者最大支付意愿离散的程度，即消费者的异质性。偏好参数 $t=0$ 时，消费者对纸质图书 A 和数字资源 B 的感知效用都为 0，估价为 0，不会购买 A 或 B；偏好参数 $t=1$ 时，消费者对纸质图书 A 和数字资源 B 的感知效用最高，估价分别 P_A^{max} 和 P_B^{max}，消费者会同时购买 A 和 B，此时获得价值 $AV=(P_A^{max}-P_A)+(P_B^{max}-P_B)$；偏好参数 t 的大小实际表明了消费者产品估值的差异。当偏好参数 $0<t<1$ 时，存在 t_1，当 $0<t\leqslant t_1$ 时，该部分消费者不会购买纸质图书 A（当然也不会购买数字资源 B，因为没有纸质图书 A 则数字资源 B 的效用为零），即此时的获得价值 $AV=P_A^{max}t_1-P_A=0$，因此：

$$t_1=P_A/P_A^{max} \tag{5.2}$$

即消费者偏好参数 t_1 作为一个临界点，只有 $t>t_1$ 时，获得价值 $AV=P_A^{max}t-P_A>0$，消费者才会购买纸质图书 A。同理，应存在临界点 t_2，当 $t_1<t\leqslant t_2$ 时，该部分消费者认为购买纸质图书 A 是值得的，但不会购买数字资源 B，即此时的获得价值：$AV_A=P_A^{max}$

$t-P_A>0$,同时 $AV_B=P_B^{max}t_2-P_B=0$(即偏好参数为 t_2 的消费者认为数字资源 B 的效用为 0),因此:

$$t_2=P_B/P_B^{max} \tag{5.3}$$

当 $t_2<t\leqslant 1$ 时,该部分消费者会同时购买纸质图书 A 和数字资源 B,即此时的获得价值:$AV_A=P_A^{max}t-P_A>0$,同时 $AV_B=P_B^{max}t-P_B>0$,即 $AV=(P_A^{max}t-P_A)+(P_B^{max}t-P_B)$。

对于理性的消费者而言,只有产品价格小于愿意支付的最高价格时才可能产生购买行为。为确保核心产品纸质图书 A 至少有一名消费者,$0<t_1<1$;补充产品数字资源 B 可以没有消费者,即 $0<t_2\leqslant 1$(当 $t_2=1$ 时,即消费者只购买纸质图书 A);对于理性的生产者而言,只有产品价格高于单位变动成本时才可能产生销售行为(V_A 为纸质图书 A 的单位变动成本,V_B 为数字资源 B 的单位变动成本),即:

$$0<V_A<P_A<P_A^{max} \text{ 且 } 0<V_B<P_B\leqslant P_B^{max} \tag{5.4}$$

又因 $t_2\geqslant t_1$,即$(1/t_2)\leqslant(1/t_1)$,所以:

$$(P_A^{max}/P_A)\geqslant(P_B^{max}/P_B) \tag{5.5}$$

即从消费者视角看核心产品纸质图书 A 的性价比要大于等于补充产品数字资源 B 的性价比($t_2=t_1<1$ 时,消费者都同时购买纸质图书 A 和数字资源 B)。

如果市场中有 Q 位消费者,而且消费者偏好参数 t 的分布的概率密度函数是 $f(x)$,则纸质图书 A 的市场需求量为

$$Q\int_{t_1}^{t_2}f(x)\mathrm{d}x$$

A 和 B 的市场需求量为

$$Q\int_{t_2}^{1}f(x)\mathrm{d}x$$

假设纸质图书 A 的变动成本为 V_A,固定成本为 C_A,数字资源 B 的变动成本为 V_B,固定成本为 C_B,则企业的利润为:

$$\pi(P_A,\ P_B)=Q(P_A-V_A)\int_{t_1}^{t_2}f(x)\mathrm{d}x+Q(P_A-V_A+P_B-V_B)\int_{t_2}^{1}f(x)\mathrm{d}x-C_A-C_B \tag{5.6}$$

限制条件:

$$P_A+P_B=K(K\text{ 为常数}) \tag{5.7}$$

5.3.2 模型的求解

我们对分离价格框架下消费者购买意愿的累计百分比(如图 5.3 所示)的分析,

发现消费者偏好参数 t 呈 S 形分布。创新扩散理论认为累计创新采纳者比例随时间变化呈现出 S 形曲线特征，另一方面以接受或者拒绝创新为结果变量也是解释 S 形曲线的基础。

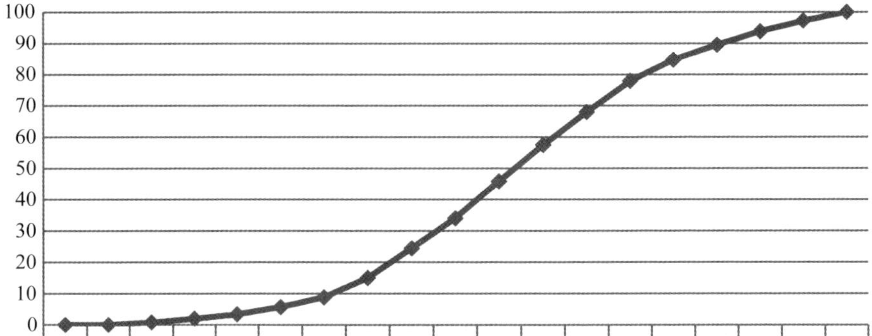

	1	2	3	3.25	3.5	3.75	4	4.25	4.5	4.75	5	5.25	5.5	5.75	6	6.25	6.5	6.75	7
累计百分比（%）	0	0	0.8	2	3.4	5.7	8.8	15	24.4	34	45.9	57.5	68	77.9	84.7	89.5	93.8	97.2	100

图 5.3　分离价格框架下购买意愿累计百分比分布

Figure 5.3　cumulative percentage distribution of purchase intention under the frame of price separation

本书中分离价格框架下消费者偏好参数 t 呈 S 形分布，与 $B(x;\ 2,\ 2)$分布类似。$B(x;\ \alpha,\ \beta)$（即 Beta 分布）是一组定义在（0，1）区间的连续概率分布，其概率密度函数为：

$$f(x;\alpha,\beta)=\frac{x^{\alpha-1}(1-x)^{\beta-1}}{\int_0^1 u^{\alpha-1}(1-u)^{\beta-1}\mathrm{d}u}=\frac{\Gamma(\alpha+\beta)}{\Gamma(\alpha)\Gamma(\beta)}x^{\alpha-1}(1-x)^{\beta-1}$$
$$=\frac{1}{B(\alpha,\beta)}x^{\alpha-1}(1-x)^{\beta-1} \tag{5.8}$$

因此，公式（5.6）可写为公式（5.9）：

$$\pi(P_A,P_B)=Q(P_A-V_A)\int_{t_1}^{t_2}f(x;2,2)\mathrm{d}x+Q(P_A-V_A+P_B-V_B)\int_{t_2}^{1}f(x;2,2)\mathrm{d}x-C_A-C_B \tag{5.9}$$

公式（5.9）在约束条件（5.7）下，可利用拉格朗日乘数法求条件极值。先构造函数 $\Psi(P_A,P_B)$，令

$$\Psi(P_A,P_B)=Q(P_A-V_A)\int_{t_1}^{t_2}f(x;2,2)\mathrm{d}x+Q(P_A-V_A+P_B-V_B)\int_{t_2}^{1}f(x;2,2)\mathrm{d}x-C_A-C_B+\lambda(P_A+P_B-K) \tag{5.10}$$

λ 为常数，然后 $\Psi(P_A, P_B)$ 分别对 P_A 和 P_B 求一阶偏导并令其等于零，然后结合公式（5.7），得到下列方程组：

$$\left.\begin{aligned} &Q\int_{t_1}^{1} f(x;2,2)\mathrm{d}x + Q(P_A - V_A)\frac{\partial\left(\int_{t_1}^{1} f(x;2,2)\mathrm{d}x\right)}{\partial(P_A)} + \lambda = 0 \\ &Q\int_{t_2}^{1} f(x;2,2)\mathrm{d}x + Q(P_B - V_B)\frac{\partial\left(\int_{t_2}^{1} f(x;2,2)\mathrm{d}x\right)}{\partial(P_B)} + \lambda = 0 \\ &P_A + P_B = K \end{aligned}\right\} \tag{5.11}$$

依据密度函数公式（5.8），可得 $f(x; 2, 2)=6x(1-x)$，再依据公式（5.2）和（5.3），然后解方程组（5.11），最后我们可得到关于 P_A 的一个一元三次方程：

$$aP^3_A + bP^2_A + cP_A + d = 0 \tag{5.12}$$

其中：$a=8(P_B^{\max})^3-4(P_A^{\max})^3$

$b=(12K-3P_B^{\max}-6V_B)\times(P_A^{\max})^3-(9P_A^{\max}+6V_B)\times(P_B^{\max})^3$

$c=6V_A P_A^{\max}\times(P_B^{\max})^3+(12KV_B+6KP_B^{\max}-12K^2-6V_B P_B^{\max})\times(P_A^{\max})^3$

$d=(4K^3-3K^2P_B^{\max}-6K^2V_B+6KV_B P_B^{\max})\times(P_A^{\max})^3$

同时依据公式（5.4）（5.5）（5.7）可得 P_A 的取值范围，见公式（5.13）：

$$\max\{V_A;(K-P_B^{\max})\}\leqslant P_A\leqslant \min\{P_A^{\max};(K-V_B);KP_A^{\max}/(P_A^{\max}+P_B^{\max})\} \tag{5.13}$$

5.3.3 模拟算例及解的分析

本书以 $K=52.8$，$P_A^{\max}=50$，$P_B^{\max}=20$，$V_A=10$，$V_B=5$ 为算例，依据公式（5.13），可得 $32.80\leqslant P_A\leqslant 37.71$，最后利用盛金公式求解，得到 P_A 的 3 个解，分别为：$P_{A1}=52.87$，$P_{A2}=41.68$，$P_{A3}=33.25$。

$P_A=52.87$，不符合 P_A 取值范围的限制，即使考虑实际情况，令 $P_A=52.8$，$P_B=0$，此时就是本书的整合价格框架，因其与分离价格框架相比，既不能促进文化类富媒体图书的消费，也不能促进文化类富媒体图书消费的提质升级，所以应舍弃。

$P_A=41.68$，不符合 P_A 取值范围的限制，即虽满足公式（5.4）的限制，但不满足公式（4.5）的限制（$(P_A^{\max}/P_A)=1.20$，$(P_B^{\max}/(P_B))=1.80$），即核心产品纸质图书的性价比小于补充产品数字资源的性价比，故该价格框架也应舍弃。

$P_A=33.25$，符合 P_A 取值范围的限制，即同时满足公式（5.4）的限制和公式（5.5）

的限制((P_A^{max} /P_A)=1.50,(P_B^{max} /(P_B))=1.02),核心产品的性价比大于补充产品的性价比,而且此时利用公式(4.9)计算的利润为 π= 6.10Q−C_A−C_B。当 P_A=37.71 时(与本书设定的分离价格框架 P_A=37.80 接近),即核心产品的性价比等于补充产品的性价比(t_1=t_2),即此时消费者都会同时购买纸质图书和数字资源,但此时利润 π=5.74Q−C_A−C_B 小于 P_A=33.25 时的利润,这也再次说明核心产品性价比大于补充产品性价比的重要性;当 P_A=32.80 时, P_B=20,即 t_2=1,此时消费者只会购买纸质图书 A,但此时的利润 π=5.73Q−C_A−C_B 也小于 P_A=33.25 时的利润。因此,从利润最大化的角度看,P_A=33.25,P_B=19.55 的分离价格框架最优。

文化类富媒体图书分离价格框架各部分的价格可以通过优化实现利润最大化,但在消费者偏好异质性的市场条件下,核心产品的性价比必须大于补充产品的性价比,这样的分离价格框架才最有吸引力,同时也相对能实现利润最大化。

5.4　参考价格和文化价值对购买意愿的影响

对于文化类富媒体图书,文化价值、参考价格是如何影响消费者购买意愿的需深入研究。这不仅有利于我们探索促进文化消费的关键因素和路径,而且有利于我们思考如何贯彻文化产业“社会效益优先”和“社会效益与经济效益协同发展”的准则。

消费决策受当时当地预算限制的影响,而且消费支出在心理上按一定标准分成不同账户。依据公式 $W(Z_i,\ P_i,\ P^*_i)/\underline{P_i} \geq \underline{K}$,当某项消费的 K 值大于等于最优的 K^*(K^*是一个常数)时,消费才是理所当然的。而且研究认为,在可接受价格区间内,在参考价格均值附近小幅提价不会疏远消费者,但在可接受价格区间外不能大幅提价。但也有研究认为,撇脂定价可以上移消费者内部参考价格,并提高消费者价格容忍区间的上限。针对文化类富媒体图书,可接受价格区间(如 52.8 元价格水平下)内,文化价值对购买意愿的影响最大,参考价格对购买意愿的影响较弱而且也不存在调节效应,即仅假设 H10 成立,假设 H1 和假设 H14 均不成立(见 5.2.3 中“4)参考价格调节效应分析”)。但是,当文化类富媒体图书的价格水平超过消费者可接受价格区间时,文化消费可能被分配到不同的心理账户,此时参考价格和文化价值是如何影响消费者购买意愿的,即本书中假设 H1、假设 H10、假设 H14 是否成立还需深入研究。

5.4.1 数据收集

本节的文化类富媒体图书以《中国诗词大会》《画说中国》等文化类图书为例,并基于文化类富媒体图书预调研结果。本书基于预调研消费者可接受的文化类富媒体图书价格区间,并综合考虑纸质版图书销售价格以及富媒体图书的研发成本、预期利润等因素,消费者可接受的价格区间外中等价格水平为 98 元(《中国诗词大会》的纸书价格为 79 元)、消费者可接受的价格区间外较高价格水平为 399 元(《画说中国》的纸书价格为 324 元)。我们以上述两种不同价格水平的文化类富媒体图书作为研究对象,这样可进一步检验较高价格水平下参考价格和文化价值对购买意愿影响的差异。调查的受访者为 18~39 岁的青年群体,调查方法与 5.1.1 节中一致。

对于价格水平为 98 元的富媒体图书,共收集到 252 份有效问卷(男性占 40.08%,女性占 59.92%;专科及以下占 1.98%,本科占 64.29%,硕士占 29.76%,博士及以上占 3.97%;18~22 岁占 63.49%,23~25 岁占 23.41%,26~30 岁占 8.33%,31~39 岁占 4.76%;而且认为富媒体图书与传统纸质图书相比变化非常大的占 21.2%,大的占 59.0%,说不清的占 13.5%,认为变化小的占 5.8%,非常小的占 0.6%;有 68.6%的受访者可能购买富媒体图书,说不清的占 30.8%,明确不可能购买富媒体图书的占 0.6%;有 67.3%的受访者购买富媒体图书时心中有参考价格,说不清的占 27.6%,明确没有参考价格的占 5.1%。)。价格水平 399 元的富媒体图书共收集到 253 份有效问卷(男性占 26.48%,女性占 73.52%;专科及以下占 14.23%,本科占 74.31%,硕士占 8.30%,博士及以上占 3.16%;18~22 岁占 82.61%,23~25 岁占 9.09%,26~30 岁占 4.74%,31~39 岁占 3.56%;而且认为富媒体图书与传统纸质图书相比变化非常大的占 51.0%,大的占 33.3%,说不清的占 8.5%,认为变化小的占 3.3%,非常小的占 3.9%;有 61.4%的受访者可能购买富媒体图书,说不清的占 38.6%,明确不可能购买富媒体图书的占 0.0%;有 67.3%的受访者购买富媒体图书时心中有参考价格,说不清的占 22.2%,明确没有参考价格的占 10.5%。)。

5.4.2 数据检验

1)效度检验(因子分析)

首先对获得的数据进行探索性因子分析(EFA),我们利用 SPSS22.0 软件的主成分分析法,以特征值大于 1 为标准提取因子,并利用方差最大正交旋转法通过 25 次旋转迭代获得目标因子，统计分析结果显示：价格水平 98 元下，*KMO* 值为 0.85，大于 0.8，并且 Bartlett's 球形检验结果显著（χ^2 卡方值=1 242.59，d*f*=66，*p*=0.000）；结果出现 3 个特征值大于 1 的因子，而且这 3 个因子的累计方差解释率为 76.49%，而且未旋转的因子分析结果显示第一个因子解释力（44.91%）小于 50%；从因子负荷量看各个测量题项都只在单一因子上具有较大负荷量，且因子负荷量都大于 0.5 的标准，同时也没有出现交叉负荷的情况；价格水平 399 元下，*KMO* 值为 0.85，大于 0.8，并且 Bartlett's 球形检验结果显著（χ^2=1 730.47，d*f*=66，*p*=0.000）；结果出现 3 个特征值大于 1 的因子，而且这 3 个因子的累计方差解释率为 84.12%，而且未旋转的因子分析结果显示第一个因子解释力（41.18%）小于 50%；从因子负荷量看各个测量题项都只在单一因子上具有较大负荷量，且因子负荷量都大于 0.5 的标准，同时也没有出现交叉负荷的情况。上述统计分析结果表明，量表非常适宜进行因子分析，而且这些因子中保留了原始数据中较多的信息，量表不但具有较好的建构效度，而且共同方法偏差在可控范围之内。

我们利用 AMOS17.0 软件对价格水平 98 元和价格水平 399 元下的数据进行验证性因子分析（CFA），结论见表 5.8（f 代表价格水平 98 元，g 代表价格水平 399 元）。检验结果表明：三因子模型明显优于其他竞争性模型，而且三因子模型的各项拟合指标都达到了临界值要求（χ^2/d*f* 小于 3，*CFI* 和 *TLI* 都大于 0.9，*RMSEA* 小于 0.08，*SRMR* 小于 0.05），这表明三因子模型具有很好的区别效度。

表 5.8 可接受价格区间外验证性因子分析结果

Table 5.8 confirmatory factor analysis results outside the acceptable price range

模型	χ^2/ df	*CFI*	*TLI*	*RMSEA*	*SRMR*
三因子 A、B、C	f1.85	0.96	0.95	0.07	0.05
	g1.19	0.99	0.99	0.04	0.03
二因子 A、B+C	f5.94	0.79	0.73	0.18	0.11
	g11.53	0.68	0.60	0.26	0.22
二因子 A+B、C	f8.74	0.66	0.58	0.22	0.22
	g11.47	0.68	0.60	0.26	0.21
二因子 A+C、B	f7.32	0.73	0.66	0.20	0.14
	g7.57	0.80	0.75	0.21	0.14

续表

模型	χ^2/ d*f*	*CFI*	*TLI*	*RMSEA*	*SRMR*
单因子 A+B+C	^{f}12.09	0.57	0.53	0.18	0.13
	^{g}17.55	0.49	0.37	0.33	0.25

注:A 代表参考价格,B 代表文化价值,C 代表购买意愿,+代表合并。

根据三因子模型的标准化负荷值(见表 5.9,f 代表价格水平 98 元,g 代表价格水平 399 元,显著性 p 值均小于 0.001),可以计算各个因子(潜在变量)的平均方差抽取量(*AVE* 值见表 5.9)都在 0.6 以上,大于 0.5,这说明量表具有较高的收敛效度。

2)信度检验

计算量表的内部一致性 Cronbach's α 系数,结果表明:各个量表的 Cronbach's α 系数(见表 5.9)都大于或接近 0.9,这说明量表具有较好的信度。根据三因子模型的标准化负荷值,可以计算各个因子(潜在变量)的组合信度(*CR*),各个因子的组合信度(*CR* 值见表 5.9)都大于或接近 0.9,这说明三因子模型的内在质量很好而且各个因子的信度也较高。

表 5.9 可接受价格区间外信度检验

Table 5.9 acceptable reliability test outside the price range

变量	题项代码	标准化负荷值***	Cronbach's α	*CR* 值	*AVE* 值
文化价值(*CV*)	*CV*4	$0.74^{g}(0.86^{f})$	0.89^{g} 0.93^{f}	0.89^{g} 0.93^{f}	0.67^{g} 0.78^{f}
	*CV*5	$0.86^{g}(0.94^{f})$			
	*CV*6	$0.81^{g}(0.90^{f})$			
	*CV*7	$0.87^{g}(0.83^{f})$			
参考价格(*RP*)	P_{value}	$0.85^{g}(0.98^{f})$	0.89^{g} 0.96^{f}	0.89^{g} 0.96^{f}	0.68^{g} 0.86^{f}
	P_{fair}	$0.78^{g}(0.88^{f})$			
	P_{good}	$0.75^{g}(0.94^{f})$			
	P_{expect}	$0.90^{g}(0.90^{f})$			
购买意愿(*PI*)	*PI*1	$0.86^{g}(0.89^{f})$	0.90^{g} 0.91^{f}	0.90^{g} 0.92^{f}	0.70^{g} 0.73^{f}
	*PI*2	$0.88^{g}(0.89^{f})$			
	*PI*3	$0.78^{g}(0.78^{f})$			
	*PI*4	$0.83^{g}(0.85^{f})$			

3）共同方法偏差的检验

利用“无可测方法的潜在误差变量控制法”检验共同方法偏差，即将共同方法偏差 *CMB* 作为一个潜变量放入结构方程模型再对比模型拟合度。价格水平 98 元下，加入后 χ^2/df 为 1.70，*CFI* 为 0.97，*TLI* 为 0.96，*RMSEA* 为 0.07，*SRMR* 为 0.04；价格水平 399 元下，加入后 χ^2/df 为 1.090，*CFI* 为 0.99，*TLI* 为 0.99，*RMSEA* 为 0.03，*SRMR* 为 0.03。与三因子模型的拟合度指标（见表 5.7）相比优化均不明显。由此可见，共同方法偏差对本书影响在可控范围内。

5.4.3 实证检验

1）变量的描述性统计

各变量的均值、标准差和相关系数见表 5.10（f 代表价格水平 98 元，g 代表价格水平 399 元），以价格水平 399 元为例，文化价值与购买意愿（r=0.462，p<0.01）的相关性较大，而参考价格与购买意愿（r=0.096）的相关性较小；价格水平 98 元时，文化价值与购买意愿（r=0.511，p<0.01）的相关性较大，参考价格与购买意愿（r=0.451，p<0.01）的相关性也较大。即文化价值与购买意愿相关性均较高，假设 H10 得到初步支持；而参考价格与购买意愿的相关性却有较大差异；人口统计变量与购买意愿的相关性均较小。表中括号里的数值为相应变量 *AVE* 值的平方根，均大于左下方各变量的相关系数，这也更加表明本书的量表具有较好的区别效度。

表 5.10 可接受价格区间外变量的描述性统计

Table 5.10 descriptive statistics of variables outside the acceptable price range

变量	均值	标准差	1	2	3	4	5	6
1 性别（*GEN*）	^{g}1.59	0.49	1					
	^{f}1.73	0.44	1					
2 年龄（*AGE*）	^{g}2.36	0.83	0.06	1				
	^{f}2.03	0.97	−0.09	1				
3 学历（*EDU*）	^{g}1.59	0.59	0.11	0.61**	1			
	^{f}1.57	0.51	0.00	0.49**	1			
4 参考价格（*RP*）	^{g}74.15	7.16	−0.01	−0.12	−0.08	1（0.82）		
	^{f}258.14	100.83	−0.05	−0.12	−0.11	1（0.93）		

续表

变量	均值	标准差	1	2	3	4	5	6
5 文化价值（CV）	^{g}5.55	0.95	0.06	0.09	0.22**	0.18*	1（0.82）	
	^{f}5.45	1.19	−0.01	0.04	0.04	0.13	1（0.88）	
6 购买意愿（PI）	^{g}4.99	0.98	−0.08	0.06	0.09	0.45**	0.51**	1（0.84）
	^{f}5.05	1.05	−0.06	0.05	0.06	0.10	0.46**	1（0.86）

注：*表示 $p<0.05$，**表示 $p<0.01$。

2）假设检验

调节效应可以通过回归方程 $Y=i+aX+bZ+cXZ+\varepsilon$ 进行分析：如果回归系数 c 显著，就表示调节效应显著，调节效应的效果量用 $\Delta R^2=R_1^2-R_0^2$ 表示，其中 R_1^2 表示回归方程 $Y=i+aX+bZ+cXZ+\varepsilon$ 的测定系数，R_0^2 表示去掉乘积项 XZ 后的回归方程 $Y=i+aX+bZ+\varepsilon$ 的测定系数。本书使用分层线性回归分析对假设进行检验。为减少多重共线性，回归分析前对文化价值和参考价格均做了中心化处理，回归分析结果见表5.11。模型 2 和模型 6 表明，文化价值对购买意愿均有显著的正向影响（CV 的回归系数分别为 0.523、0.450，且 p 值均小于 0.001；而且 R^2 和 ΔR^2 也都超过 0.2，说明文化价值对购买意愿的解释力很强），即价格水平 98 元和价格水平 399 元条件下假设 H10 均成立；模型 3 和模型 7 表明，参考价格对购买意愿仅在 98 元价格水平下有显著的正向影响（RP 的回归系数为 0.377，且 p 值小于 0.001，ΔR^2 为 0.134，且 p 值小于 0.001，说明仅在 98 元价格水平下参考价格对购买意愿的解释力很强），即仅在 98 元价格水平下假设 H1 成立，399 元价格水平下假设 H1 不成立（RP 的回归系数为 0.037，且 p 值不显著，ΔR^2 为 0.001，且 p 值不显著）；模型 4 和模型 8 表明，参考价格的调节作用仅在 399 元价格水平下显著（$CV \cdot RP$ 的回归系数为 0.322，且 p 值小于 0.001，ΔR^2 为 0.090，且 p 值小于 0.001，说明仅在 399 元价格水平下参考价格的调节作用很强），即仅在 399 元价格水平下假设 H14 成立，而 98 元价格水平下假设 H14 不成立。总之，文化价值对购买意愿的影响最大，参考价格在不同价格水平下对购买意愿的影响差异较大，如图 5.4、图 5.5 所示，实线表示假设成立，虚线表示假设不成立。

表 5.11 回归分析结果

Table 5.11 regression analysis results

变量	购买意愿							
	98 元价格水平				399 元价格水平			
	模型 1	模型 2	模型 3	模型 4	模型 5	模型 6	模型 7	模型 8
性别	−0.089	−0.108	−0.103	−0.103	−0.053	−0.052	−0.050	−0.043
年龄	0.011	0.047	0.085	0.086	0.020	0.009	0.012	0.026
学历	0.090	−0.044	−0.019	−0.018	0.054	0.043	0.046	0.045
文化价值 *CV*		0.523***	0.444***	0.442***		0.450***	0.445***	0.558***
参考价格 *RP*			0.377***	0.375***			0.037	0.054
CV·*RP*				−0.014				0.322***
R^2	0.015	0.274	0.408	0.409	0.007	0.209	0.210	0.300
adjR^2	−0.004	0.255	0.389	0.385	−0.013	0.188	0.183	0.271
ΔR^2	0.015	0.259***	0.134***	0.001	0.007	0.202***	0.001	0.090***
F 值	0.795	54.694	88.665	88.711	0.360	38.103	38.344	57.108

注：***代表 $p<0.001$；系数均为标准化系数；模型 1 和 5 的 ΔR^2 是 R^2 与零比较而得，其他模型的 ΔR^2 是与其左边的模型比较而得。

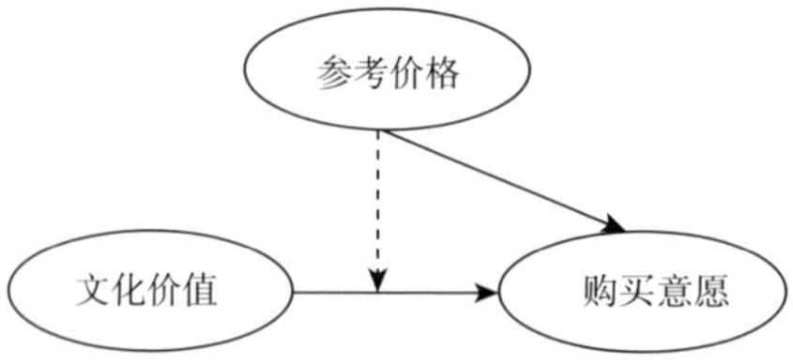

图 5.4 98 元价格水平假设检验结果

Figure 5.4 hypothesis test result of price level of 98 yuan

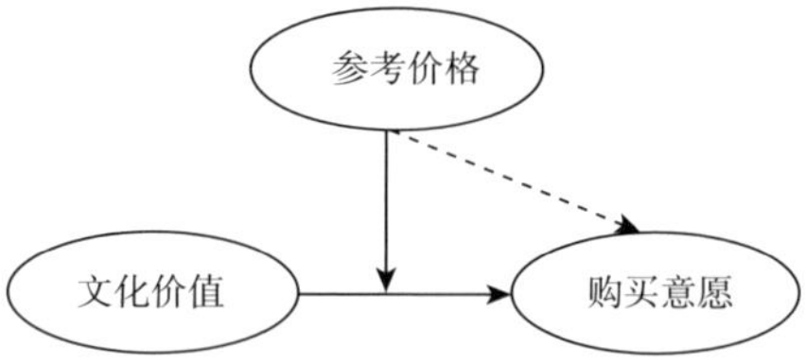

图 5.5 399 元价格水平假设检验结果

Figure 5.5 hypothesis test result of price level of 399 yuan

3）简单斜率检验

由于 399 元价格水平下，参考价格的调节效应显著，我们更希望确定参考价格在什么水平下调节效应显著。回归方程 $Y=i+aX+bZ+cXZ+\varepsilon$ 可以改写为 $Y=(i+bZ)+(a+cZ)X+\varepsilon$，其中 $a+cZ$ 表示简单斜率，它反映了因变量 Y 和自变量 X 的关系是如何受变量 Z 调节的。为检验简单斜率 $a+cZ$ 是否显著（即不显著为 0），常用 t 检验：

$$t=(a+cZ)/(se_a^2+2Z\mathrm{cov}(a,c)+Z^2se_c^2)^{1/2}$$

其中：se_a、se_c、cov(*a*,*c*)分别是回归方程 $Y=i+aX+bZ+cXZ+\varepsilon$ 中回归系数 *a* 和 *c* 的标准误和协方差。

以往常用选点法检验简单斜率，但该方法存在 3 点不足：第一，调节变量的特定取值可能不在调节变量的取值范围之内，此时的简单斜率检验没有实际意义；第二，选点法得出的结论具有样本特异性；第三，选点法选择的是有限的点，只能了解有限的信息。因此，在调节变量为连续变量时，应优先使用 *J-N* 法进行简单斜率检验，*J-N* 法不是立足于某一个点，而是立足于调节变量 *Z* 的整个取值范围[Z_{min}，Z_{max}]，犹如探照灯一样遍寻调节变量的整个取值范围，以确定简单斜率显著不为零的调节变量的取值范围。方杰等建议在调节变量为连续变量时，使用 *J-N* 法进行简单斜率检验。本书采用 *J-N* 法，利用 SPSS 的 process 进行窗口操作的简单斜率检验，结果发现当参考价格在[163.73，404.75]内取值时，简单斜率都显著不为 0，即该区间内参考价格的调节效应显著。

5.5 本章小结

本章主要研究了消费者可接受的价格区间内撇脂价格策略下，文化类富媒体图书在不同价格框架下文化价值、参考价格是如何影响购买意愿的。分离价格框架下，参考价格对购买意愿的影响很弱，文化价值主要是通过感知质量、获得价值、交易价值等变量间接影响购买意愿的。整合价格框架下，参考价格主要是通过感知质量、获得价值、交易价值等变量间接影响购买意愿的，文化价值对购买意愿的直接影响较强，同时也通过感知质量、获得价值、交易价值等变量间接影响购买意愿。通过对理论模型的检验和分析，发现分离价格框架更有利于提升购买意愿和促进消费的提质升级，进而构建了分离价格框架下价格优化的数学模型，并发现在消费者偏好异质性的市场条件下，核心产品的性价比必须大于补充产品的性价比，这样的分离价格框架最优。为了探索如何修复因“价格战”而长期扭曲的图书价格预期，本章对消费者可接受的价格区间外较高价格水平下，文化价值和参考价格是如何影响购买意愿的也进行了深入分析，发现文化价值始终是影响文化类富媒体图书购买意愿的主要因素，参考价格对购买意愿的影响与价格水平密切相关，或直接影响购买意愿或对文化价值的影响力起调节作用。

6 结论与展望

本章主要对研究取得的成果进行总结和分析。首先,对本书所构建的理论模型及相关假设检验情况进行总结和分析,总结归纳本书的结论在理论和实践上的启示;最后,提出本书的局限及未来的研究方向。

6.1 研究结论

1)针对非文化类富媒体图书

(1)消费者的购买意愿在一定价格区间内对非文化类富媒体图书销售价格水平不敏感。研究发现:不同价格水平策略下购买意愿($PI_{\text{渗透策略}}$=4.74,$PI_{\text{适中策略}}$=4.88,$PI_{\text{撇脂策略}}$=4.83,$p>0.18$)的差异不显著,即在消费者可接受的价格区间内,渗透、适中、撇脂不同价格水平策略下消费者的购买意愿没有显著变化。根据《中国图书年鉴》相关统计数据,研究也发现:我国教育类和专业类图书的需求价格弹性不高,但需求价格弹性出现了强烈的波动现象,这是由于导致需求量变动的因素并非价格而是其他的因素,只是我们在计算需求价格弹性的时候无法把这些影响因素分隔开来。本书针对非文化类富媒体图书得出的结论与其一致,但我们利用理论模型进一步研究了购买意愿不变背后的动因差异,这也是本书的创新之处。

(2)参考价格对购买意愿没有显著的直接影响。不同价格水平策略下,消费者的参考价格水平虽显著提升,但参考价格对购买意愿均没有显著的直接影响(假设H1均不成立),参考价格对购买意愿的影响是通过交易价值、感知质量、获得价值间接产生的,而且适中价格策略下参考价格的间接影响最强(标准化总效应0.45),而撇脂价格策略下参考价格的间接影响最弱(标准化总效应0.16)。该研究结论与相关研究结论一致,但与Rodolfo等(2007)研究结论不同。以往研究都是基于价格环境不变的静态研究,本书深入研究了不同价格水平策略下参考价格间接作用的动态差异。

（3）不同价格水平策略下交易价值对购买意愿的影响要大于获得价值对购买意愿的影响。不同价格水平策略下，交易价值和获得价值本身虽然没有显著变化，但交易价值对购买意愿的作用要大于获得价值，而且随着价格水平的提高，二者影响力的差距会减少，因为交易价值对购买意愿的作用随着定价水平的上升而下降，但获得价值的作用却比较稳定（见表 4.5），这与 Joel 等的研究结论不一致，原因可能是产品的差异（Joel 等选择的是租赁公寓），或是定价水平变化引起的（这也是 Joel 等认为他们研究的局限所在）。同时获得价值是交易价值影响购买意愿的一个重要中介变量（如图 4.1~图 4.3 所示，渗透、适中、撇脂不同价格水平策略下中介效应占直接效应的百分比分别为：49.29%、48.36%、30.46%），这与 Grewal，Monroe，Krishnan（1998）的研究结论既有相同之处（获得价值是交易价值影响购买意愿的一个重要中介变量）也有不同之处，Grewal，Monroe，Krishnan（1998）的研究结论是交易价值的作用被获得价值完全中介，而我们的研究是部分中介，这可能源于我国图书市场长期价格战的结果。我们的结论与 Branchik 等（2015）的结论也存在异同，相同之处是交易价值和获得价值都会显著影响消费者的购买意愿，而且交易价值对购买意愿的影响大于获得价值的影响，不同之处是获得价值并没有产生中介作用。差异可能源于产品差异和图书价格战的影响，Grewal，Monroe，Krishnan（1998）的研究对象是消费者熟悉度较高的自行车，Branchik 等（2015）的研究对象是汽车保险，而我们研究的对象是一种文化创新产品——富媒体图书，这也是本书在研究对象上的创新之处。

（4）撇脂价格策略是最优策略，撇脂价格策略下感知质量是影响购买意愿的最重要因素。适中价格策略和撇脂价格水平策略下消费者的感知质量水平明显高于渗透价格水平策略下消费者的感知质量水平，而且利用参考价格推断质量的机制仅在适中价格策略和撇脂价格策略下成立，同时感知质量对购买意愿的直接作用仅在撇脂价格策略下发生，撇脂价格策略下感知质量对购买意愿的总效用也是参考价格、交易价值、获得价值诸因素中最大的（标准化总效应 0.53）。该结论与一些研究结论相同，都认为新产品应采用撇脂价格策略，但也与一些研究不同，他们认为新产品应采用渗透定价甚至免费策略。但已有研究都是基于促进市场消费为判定价格水平策略优劣的标准，而本书是在消费者购买意愿无显著差异的情况下，基于促进非文化类富媒体图书消费提质升级的角度看，撇脂价格策略是最优策略，这也是本书的创新之处。

2)在消费者可接受的价格区间内,撇脂价格策略下,针对文化类富媒体图书

(1)文化价值对购买意愿存在显著正向影响而且不因价格框架的改变而改变,但是参考价格对购买意愿的影响却很弱且不显著。不同价格框架下文化价值对购买意愿的影响都是最大的(标准化总效应都为 0.53),而参考价格对购买意愿的影响都最小(标准化总效应分离价格框架为 0.05,整合价格框架为 0.14),但文化价值对购买意愿的影响更多的是通过交易价值、获得价值、感知质量 3 个中介变量的中介效应实现的,其中获得价值是最重要的中介变量(见表 5.6)。这可能源于文化消费的终极目标是文化价值,即消费者更看重其内容和思想所体现的文化价值;又因文化消费的体验特性,文化价值主要是通过消费结果层尤其是获得价值来影响消费者购买意愿的。本书结论与很多规范研究的结论一致,都认为文化产品的文化价值是核心。但已有研究多为规范研究实证分析较少,本书不但在研究方法上与以往相比有所创新,而且进一步证明了文化价值的作用更多的是通过中介变量实现的,这也是本书结论的创新之处。

(2)文化类富媒体图书分离价格框架比整合价格框架更能显著提高消费者购买意愿。不同价格框架下购买意愿差异显著($PI_{分离框架}$=5.23,$PI_{整合框架}$=4.95,p<0.001),这可能因为消费者认为文化类富媒体图书的纸质部分是价值主体,分离价格框架可提升该部分的交易价值和性价比。数字资源是对纸质内容的补充和完善,独立定价能凸显数字资源的价值,消费者会利用价格推断数字资源的价值和质量,进而提升对文化类富媒体图书整体获得价值的判断。与整合价格框架相比,分离价格框架下的交易价值、获得价值都显著提高,证明了上述结论,而且从促进消费的视角看分离价格框架优于整合价格框架。本书的结论与针对服务的研究和对人们支付健身费用的框架效应的研究结论一致。本书发现非文化类富媒体图书分离价格框架和整合价格框架下消费者的购买意愿没有显著差异(见表 4.6),这可能因为面对文化生活消费时的框架效应对购买意愿的影响更显著,而非文化类富媒体图书更强调其实用价值,价格框架效应不显著。有研究认为在探讨价格框架的作用时必须考虑多种因素的影响,在不同情况下,可能得出不同的结论。

(3)分离价格框架比整合价格框架更能促进消费的提质升级。分离价格框架不仅能显著提高消费者购买意愿,而且该框架下,与消费提质升级密切相关的感知质量(标准化总效应为 0.40)和获得价值(标准化总效应为 0.48)对购买意愿的总效应更大,同时与价格相关的参考价格(标准化总效应为 0.05)和交易价值(标准化总效应为 0.30）对购买意愿的总效应更小，而且分离价格框架更有利于消费者追求消费的多样性进而有利于促进产品创新，因此从促进文化创新和消费提质升级的视角看，分离价格框架优于整合价格框架。这也是本书的创新之处，无论从促进消费的视角看还是从促进消费提质升级的视角看，文化类富媒体图书分离价格框架都优于整合价格框架。

（4）分离价格框架下各部分的价格可以通过优化实现利润最大化。但在消费者偏好异质性的市场条件下，核心产品（文化类富媒体图书的纸质部分）的性价比必须大于补充产品（文化类富媒体图书的数字部分）的性价比，这样的分离价格框架才最有吸引力，同时也能实现利润最大化。这也是本书的创新之处，已有研究虽有些认为分离价格框架占优，但没有深入结合市场的差异化需求和生产商两个视角，利用数学模型深入研究利润最大化问题。

3）在消费者可接受的价格区间外，针对文化类富媒体图书

（1）中等价格水平时，文化价值和参考价格对购买意愿都存在显著正向影响，但文化价值的影响力还是超过参考价格的影响力（文化价值和参考价格对购买意愿的回归系数分别 0.442 和 0.375）。

（2）较高价格水平时，文化价值对购买意愿的影响仍是最重要的，参考价格不会直接显著正向影响购买意愿，但参考价格越高文化价值对购买意愿的正向影响力越大，这可能源于文化产品的体验特性和价格的安慰剂效应。这说明，文化消费决策很少受价格预算限制的影响，当消费支出满足特定的心理账户时，价格不是影响购买意愿的关键因素，只要核心价值（如文化价值）满足需求，消费就是理所当然的。本书依据心理账户理论，进一步探讨了消费者可接受的价格区间外，文化价值和参考价格两个因素是如何影响文化类富媒体图书购买意愿的，这有利于更深入理解文化类富媒体图书这样的文化创新产品两个价值之间的关系。

6.2 管理启示

（1）文化价值是文化类富媒体图书的核心价值，任何相关的政策都必须以文化价值为核心。2020 年，文化产业成为国民经济支柱性产业，既要坚持创新驱动、跨界融合，又要促进文化消费。鉴于文化价值的重要性，任何文化政策必须以文化价值为出发点，以消费者文化获得感和幸福感为落脚点，才能促进文化的高质量发展。因此，文化政策应加大原创文化精品的评审和奖励力度，以促进资源优先配置给文化精品的生产。同时，文化产品的体验特性使消费者可依据价值信号和质量信号来提升获得愉悦文化体验的概率，因此，可加强专家评鉴、国家评奖，使其为文化高价值、高质量消费体验作担保。对国家认定的文化精品的作者创作收入可降低或减免税收以提高创作者的生产动力。促进文化消费的重点应在鼓励生产有文化价值的文化精品和消除文化消费体验的不确定性，而非消费端的价格或税收优惠。同时应高度重视获得价值的重要性，因为文化价值的作用更多的是通过获得价值等中介变量实现的，这要求我们在制定促进文化消费的政策时应充分重视文化价值和获得价值的作用。

（2）富媒体图书应走高质量发展的路径。非文化类富媒体图书在撇脂价格策略下，消费者感知质量水平不但最高而且成为影响其购买意愿的第一要素，文化类富媒体图书在撇脂价格策略下的分离价格框架内感知质量也是影响购买意愿的重要因素（文化价值第一（0.53）、获得价值第二（0.48），感知质量第三（0.40））。因为富媒体图书的核心是其内容所体现的价值和品质，价格及交易价值是影响消费的次要因素。由此可见，质量对促进消费有重要意义，而且富媒体图书走高质量发展的路径使消费者的利益敏感性上升，价格敏感性下降，有望修复我国图书市场长期“价格战”造成的消费者利益敏感性下降的扭曲。

（3）富媒体图书应实行“撇脂价格策略”。首先，针对非文化类富媒体图书的研究发现，与渗透和适中价格策略相比，撇脂价格策略下消费者购买意愿不但没有显著下降，而且消费者会利用价格推断产品质量，进而使感知质量成为影响其购买意愿的第一要素。其次，文化类富媒体图书在不同价格水平下，文化价值都是影响购买意愿的最重要因素，而参考价格对购买意愿的影响要么不显著，要么有影响也是次要的或者作为调节变量正向调节文化价值对购买意愿的影响。富媒体图书实行“撇脂价格策略”还有利于保障创作者的利益，富媒体图书的内容是核心，内容创新才是文化创新的根本，富媒体图书作为一种文化创新产品，“撇脂价格策略”不但能促进消费和消费的提质升级，更有利于激发内容创作者的创作积极性。

（4）限制富媒体图书的价格战。避免将富媒体图书的消费引入“交易价值”路径，即避免价格和交易价值成为影响消费者购买意愿的第一要素。为避免商业走向文化的对立面，应严禁富媒体图书的“价格战”，如可借鉴“固定图书价格（FBP）”制度，即富媒体图书新书上市后的一定时期内不允许打折促销。首先在合理的价格区间内即使价格高一些也不会降低消费者的购买意愿，不会降低销售量；其次，消除市场上的价格竞争后，会有利于提升文化消费的非价格竞争，如固定图书价格产生的高额利润会激励书商为读者提供更好的服务（书店内更具吸引力的展示、给顾客更好的信息、更多的文化促销活动等）；再次，从文化角度来看任何有价值的图书都需要花费时间和精力去欣赏，消费一本书的机会成本（即时间）往往高于这本书的价格，无论是学习还是其他目的，甚至将阅读看作对未来的一种私人投资，较高的价格都会令读者更加珍惜图书和阅读的机会。最后，高价格不会影响富媒体图书的公共产品属性和公众福利，公共图书馆几乎是图书消费的一种免费替代。

（5）富媒体图书的"撇脂价格策略"必须建立在"高质量供给"基础上，践行"优质优价"原则。杨连星和孙新朋的研究发现，我国文化产品出口可能存在"低质低价"模式，并认为该模式不利于文化发展，建议要提升文化产品出口的质量水平，鼓励和引导文化企业加大内容创新力度。同时，Gneezy 等研究认为，消费者依据各种线索形成参考点（期望）然后以此为基准评价随后的体验，高价格会形成高质量期望，消费体验满足或超越期望时正向的价格-质量关系显著；消费体验低于期望时，正向的价格-质量关系消失，而且与低价格相比消费者对产品质量的主观价值评价更差。因此，我们必须以满足人民群众精神文化生活新期待为目标，大力推进文化领域供给侧结构性改革，以高质量文化供给增强人民的文化获得感和幸福感。

6.3 展望

本书的对象为富媒体图书，虽图书出版作为我国的文化核心领域比较有代表性，但文化创新产品的范畴很广，未来应拓展到其他文化创新产品，这也是本书的局限所在。同时图书的类别也比较广泛，本书基于文化价值的视角，仅将富媒体图书分为非文化类富媒体图书和文化类富媒体图书，但没有将图书类别进一步细分，未来可以针对具体图书类别进一步深入研究。

本书针对渗透、适中、撇脂不同价格水平策略研究了参考价格对购买意愿的影响，但如何利用其他营销策略（如逆营销）提升消费者的价值感知和购买意愿还需要深入研究。传统纸质图书产业链上的印刷、造纸行业都不利于环境保护，而且传统纸质图书的消费还存在浪费的隐忧，因此以合理消费传统纸质图书和积极鼓励富媒体图书消费为目标，如何采取逆营销策略提升富媒体图书购买意愿需要深入研究。逆营销能否成功，首先取决于其策略能否改变人们的消费行为，然而研究显示人们消费行为模式的改变并不容易。本书的价格框架策略也仅局限于整合价格框架和分离价格框架,但研究发现,“你认为值多少钱”比“你能付多少钱”的信息框架能显著提升消费者的支付意愿。富媒体图书的数字资源部分如采取消费者自主定价,如“打赏”,此框架下消费者的购买意愿如何变化还需进一步研究。

富媒体图书作为一种捆绑型的文化创新产品本质上是商品和服务的混合捆绑,与纯商品捆绑或纯服务捆绑相比,其质量更具不确定性、成本结构的差异也更大,因此针对消费者如何感知该类型产品的质量变化和成本结构变化,制定消费者满意的价格策略和营销策略未来也需进一步研究。

参考文献

[1] 孟书魁，雷原. 中国文化产业发展的影响因素研究[J]. 统计与决策，2019，35（7）：100-104.

[2] TUTHT. 文化经济学[M]. 周正兵，译. 大连：东北财经大学出版社，2016：7-9.

[3] THOMAS M. Commentary on behavioral price research：the role of subjective experiences in price cognition[J]. Academy of marketing science review，2013，3（3）：141-145.

[4] KNUTSON B，RICK S，WIMMER G E，et al. Neural predictors of purchases. Neuron，2007，53（1）：147-156.

[5] THEODOROS K T，NANA O F，RUTH M. Consumer choice：between explicit and implicit reference points[J]. The marketing review，2010，10（3）：269-286.

[6] REZA S，JAVAD K P. Brand attitude and perceived value and purchase intention toward global luxury brands[J]. Journal of international consumer marketing，2017，29（2）：74-82.

[7] RICHARD H T. Mental accounting and consumer choice[J]. Marketing science，2008，27（1）：15-25.

[8] 刘杲. 出版改革莫忘图书质量第一[J]. 中国编辑，2005（6）：6-8.

[9] ZEITHAML V A. Consumer perceptions of price，quality and value：a means-end model and synthesis of evidence [J]. Journal of marketing，1988，52（3）：2-22.

[10] THROSBY D. 文化政策经济学[M]. 易昕，译. 大连：东北财经大学出版社，2013：18-25.

[11] LILLIAN L C，KENT B M. An appraisal of behavioral price research：price as a physical stimulus[J]. Academy of marketing science review，2013，3（3）：103-129.

[12] 周正，辛自强. 价格认知的心理机制：信息加工的视角[J]. 心理研究，2013，（6）：

57-65.

[13] SCHRÖDER M，LÜER A，SADRIEH A. Pay-what-you-want or mark-off-your-own-price–a framing effect in customer-selected pricing[J]. Journal of behavioral and experimental economics，2015,57：200-204.

[14] DODDS W B，MONROE K B，GREWAL D.Effects of price，brand and store information on buyers’ product evaluation[J]. Journal of marketing research，1991，28(3):307-319.

[15] 金斯伯格，索罗斯比. 艺术与文化经济学手册(上)[M]. 大连：东北财政大学出版社，2018:515-517.

[16] 何同亮，周荣庭，ASMI F，等. 增强现实图书用户购买意愿的影响因素研究[J]. 科技管理研究，2017,22:260-266.

[17] 杨华，孙宝凤，林天雪，等. 网络口碑对消费者图书购买意愿的影响效应研究[J]. 图书情报工作，2018,2:117-126.

[18] 资树荣，林天然. 文化产品属性对文化消费的影响研究：以图书为例[J]. 湘潭大学学报(哲学社会科学版)，2019,3:89-93.

[19] ASHWORTH J，HEYNDELS B.Expert judgements and the demand for novels in Flanders[J]. Journal of cultural economics，2010,34(3)：197-218.

[20] CHEVALIER J A，MAYZLIN D. The effect of word of mouth on sales：online book reviews[J]. Journal of marketing research，2006(XLIII):345-354.

[21] GAFFEO E，SCORCU A E，VICI L. Demand distribution dynamics in creative industries：the market for books in Italy[J].Information economics and policy，2008(20):257-268 .

[22] O’HAGAN J，ZIEBA M.Output characteristics and other determinants of theatre attendance—an econometric analysis of german data[J]. Applied economics quarterly，2010，56(2):147-174 .

[23] WHEATLEY D，BICKERTON C. Subjective well-being and engagement in arts，culture and sport[J].Journal of cultural economics，2017,41(1)：23-45.

[24] LIU Y. Word of mouth for movies：its dynamics and impact on box office revenue[J]. Journal of marketing，2006,70：74-89 .

[25] DUAN W，GU B，WHINSTON A B. The dynamics of online word-of-mouth and

product sales-an empirical investigation of the movie industry[J]. Journal of retailing,2008,84:233-242 .

[26] YIN T, PASWAN A K. Antecedents to consumer reference price orientation: an exploratory investigation [J]. Journal of product and brand management, 2007, 16 (4): 269-279.

[27] 李东进,李研,武瑞娟. 网络购物中产品价格信息对折中效应的影响[J]. 当代财经,2012,11:67-79.

[28] 张喆,包婷婷,朱永敏. 价格离散对消费者网络团购参与意愿的影响:基于感知价格公平的分析[J]. 复旦学报(自然科学版),2015,3:327-335.

[29] 王崇. 网络消费者购买意愿影响因素模型研究[D]. 哈尔滨:哈尔滨工业大学,2007.

[30] 钟凯. 网络消费者感知价值对购买意愿影响的研究 [D]. 沈阳:辽宁大学,2013.

[31] CROMPTON J L. Reference price based strategies: a key to raising revenues without alienating users[J].Managing sport and leisure,2015,20(5): 275-292.

[32] ODED L. Reference price conceptualisations: an integrative framework of analysis[J].Journal of marketing management,2002,18(1-2):145-171.

[33] KOSZEGI B, RABIN M. A model of reference-dependent preferences[J].The quarterly journal of economics,2006,121(4):1133-1165.

[34] AGNIESZKA W, MARTIN S. The effects of reference prices on bidding behavior in interactive pricing mechanisms[J]. Journal of interactive marketing , 2008, 22 (4):2-18.

[35] MICHAEL T, HARDESTY D M.Ending a price promotion: retracting it in one step or phasing it out gradually[J].Journal of marketing,2010, 74(1): 49-64.

[36] HERNÁN A B, HAI C, SHANTANU D.Role of reference price on price and quantity: insights from business-to-business markets [J].Journal of marketing research,2012,XLIX(10): 640-654.

[37] XIA L, MONROE K B, COX J L. The price is unfair! A conceptual framework of price fairness perceptions[J]. Journal of marketing,2004,68(10):1-15.

[38] RODOLFO VÁZQUEZ CASIELLES, BEGO Ñ A ÁLVAREZ. Consumers' characteristics and brand choice bchaviour: loyalty and consumption[J].Journal of

targeting, measurement and analysis for marketing,2007,15(2): 121-133.

[39] JOEL E U, WILLIAM O B, DAN C W. The effect of plausible and exaggerated reference prices on consumer perceptions and price search[J]. Journal of consumer research,1988,15(1):95-110.

[40] BISWAS A, EDWARD E B. Contextual effects of reference prices in retail advertisements[J]. Journal of marketing,1991,55(3):1-12.

[41] RAJIV V, PRAVEEN A.Use of internal reference prices for deal evaluations: decision structure and role of involvement [J]. Marketing management journal, 2001,11(2):108-122.

[42] YADAV M S, MONROE K B. How buyers perceive savings in a bundle price: an examination of a bundle's transaction value[J]. Journal of marketing research, 1993,30(8):350-358.

[43] BEI L-T, SIMPSON E M. The determinants of consumers' purchase decisions for recycled products: an application of acquisition-transaction utility theory[J]. Advances in consumer research, 1995,22:257-261.

[44] DODONOVA A , KHOROSHILOV Y. Anchoring and transaction utility: evidence from on-line auctions[J]. Applied economics letters, 2004, 11: 307-310.

[45] LO SHAO-KANG, CHOU YU-JEN, TENG CHING-I. Source effect of advertised reference price influences on transaction value in online shopping environments[J]. Electronic commerce research, 2013,13:411-421.

[46] CHIANG H H, LIN H Y, TU S C. Analyzing behaviors influencing use of mobile coupons from the perspective of transaction utility[J]. Social behavior and personality, 2013, 41(3):433-442.

[47] GREWAL D, MONROE K B, KRISHNAN R.The effects of price-comparison advertising on buyers' perceptions of acquisition value, transaction value, and behavioral intentions[J]. Journal of marketing ,1998,62(2): 46-59.

[48] BLAINE J B, ERIC H S. Net transaction value: a model of high-involvement decision-making in buyer choice behavior[J]. Atlantic marketing journal, 2015, 4 (2):1-19.

[49] STEFAN S, GERARD J T. Strategic bundling of products and prices[J].Journal of

marketing,2002, 66(1): 55-72.
[50] RAGHUBIR P. An information processing review of the subjective value of money and prices[J]. Journal of business research, 2006, 59: 1053-1062.
[51] NIKLAS R, OUTI S, MIKKO S. Predicting purchase decision: the role of hemispheric asymmetry over the frontal cortex[J]. Journal of neuroscience, psychology, and economics, 2013, 6(1): 1-13.
[52] 门罗. 定价:创造利润的决策[M]. 孙忠,译. 北京:中国财政经济出版社, 2005: 128-140.
[53] 杨承志. 关于文化产品价值的哲学思考[N]. 光明日报(理论周刊),2007-8-14.
[54] 何琦,高长春. 论创意产品的价值特征与价值构成:基于市场价值实现视角[J]. 商业经济与管理,2013,(2):83-89.
[55] 李志强. 基于博弈论的出版业文化价值与经济价值研究[J]. 中国出版, 2015,(4):16-20.
[56] 单世联. 文化产业效益的分裂与矛盾[N]. 社会科学报,2019-3-12.
[57] ARJO K. The value-based approach to cultural economics[J].Journal of cultural economics ,2016, 40(4):365-373.
[58] 杨永忠. 文化产品价值评估方法的国际前沿[J]. 人文天下,2016,75(7):14-17.
[59] 维克托 •A 金斯伯格,戴维 • 索罗斯比. 艺术与文化经济学手册(下)[M]. 大连:东北财政大学出版社,2018:62-106.
[60] 郑洪涛. 论文化产品的特征、范围与价值[J]. 商业经济研究,2012,29:128-130.
[61] NIEDRICH R W, SUBHASH S, WEDELL D H.Reference price and price perceptions: a comparison of altemative models[J].Journal of consumer research, 2001,28(12):339-354.
[62] CHRISTINA K. Strengthening the influence of advertised reference prices through information priming[J]. Journal of consumer research,2014,40(4):1078-1096.
[63] BAMBAUER-SACHSE S, DUPUY A.Do price promotions lead to a reduction of consumers' internal reference price and if so, under which conditions is this effect less strong? [J].Advances in consumer research ,2012,40:334-341.
[64] RASHMI A, ROBERT S W. Conscious and nonconscious comparisons with price anchors: effects on willingness to pay for related and unrelated products[J]. Journal

of marketing research，2011，48(2)：355-365.

[65] SMITH T J. 定价策略[M]. 周庭锐，译. 北京：中国人民大学出版社，2015：80-85.

[66] 吴长顺，彭峻. 高技术产品导入市场初期定价策略研究[J]. 科技管理研究，2005，25(8)：100-103.

[67] HULTINK E J，HART S，ROBBEN H S. Launch decisions and new product success：an empirical comparison of consumer and industrial products[J]. Journal of product innovation management，2000，17(1)：5-23.

[68] BEN L，FRANK A. Pricing strategy and the formation and evolution of reference price perceptions in new product categories[J]. Psychology & marketing，2010，27(9)：846-873.

[69] HANIF M. Market skimming pricing：an examination of elements supporting high price for new products in pakistan[J]. European journal of business and management，2014，6(23)：180-187.

[70] CHOFAY J M，LILIEN G L. A decision-support system for evaluating sales prospects and launch strategies for new products[J]. Industrial marketing management，1986，15(1)：75-85.

[71] COULTER B，KRISHNAMOORTHY S. Pricing strategies with reference effects in competitive industries[J]. International transactions in operational research，2014，21：263-274.

[72] LOWE B，BARNES B R.Consumer perceptions of monetary and non-monetary introductory promotions for new products[J].Journal of marketing management，2012，28(5)：629-651.

[73] CROMPTON J L. Using external reference price to reduce resistance to leisure service pricing increases[J]. Managing leisure，2011，16(5)：207-215.

[74] INGENBLEEK P. Best practices for new product pricing：impact on market performance and price level under different conditions[J]. Journal of product innovation management，2013，30(3)：560-573.

[75] 马祖军，陈良勇，刘桃香. 捆绑销售商品购买决策的影响因素研究[J]. 管理学报，2015，12，(8)：1184-1190.

[76] TIMOTHY J G，JOSEPH P G，JOEL E U. Framing effects in mixed price

bundling[J]. Marketing letters,2008, 19(2):125-139.

[77] HONG-YOUL H A. An exploratory study and consumers'perceptions of e-reverse bundling price in online retailing[J]. Journal of strategic marketing, 2006, 14(9): 211-228.

[78] JOSEPH P G.The price bundling of services: a normative framework[J]. Journal of marketing,1987, 51(2): 74-85.

[79] JOHN T G, OURVILLE D S. Payment depreciation: the behavioral effects of temporally separating payments from consumption[J]. Journal of consumer research,1998,25(2):160-174.

[80] MITTELMAN M, ANDRADEE B, CHATTOPADHYAY A.The offer framing effect: choosing single versus bundled offerings affects variety seeking[J]. Journal of consumer research,2014,41(12):953-964.

[81] BERTINI M, WATHIEU L. Attention arousal through price partitioning[J]. Marketing science, 2008, 27(2):236-246.

[82] STARK E, BALDWIN A S, HERTEL A W . The role of rational and experiential processing in influencing the framing effect[J]. The journal of social psychology, 2017,157(3):308-321.

[83] 郭向东,王怀军. 在线环境下满立减的价格折扣框架效应研究[J]. 商业经济研究,2016,(10):59-61.

[84] CAMERON S. On the role of critics in the creative industry[J]. Journal of cultural economics,1995, 19:321-331.

[85] ELIASHBERG J, SHUGAN S M. Film critics: Influencers or predictors? [J]. Journal of marketing ,1997,61:68-78.

[86] MAZUMDAR T, RAJ S P, SINHA I. Reference price research: review and propositions[J]. Journal of marketing, 2005, 69(10): 84-102.

[87] NICOLE K F, KATHARINA W. New developments in behavioral pricing research [J]. Journal of business economics,2017,87(6):1-67.

[88] SWEENEY J C, SOUTAR G N. Consumer perceived value : the development of a multipe item scale[J]. Journal of retailing, 2001, 77:203-220.

[89] 李晓明,谭谱. 框架效应的应用研究及其应用技巧[J]. 心理科学进展, 2018, 26

(12):2230-2237.

[90] CHEN YI-FEN，CHANG SHI-HAN. The online framing effect：the moderating role of warning，brand familiarity，and product type[J].Electronic commerce research,2016，16:355-374.

[91] BAKHSHI H，THROSBY D. New technologies in cultural institutions：theory，evidence and policy implications[J]. International journal of cultural policy，2012，18(2)：205-222.

[92] THROSBY D. Culturally sustainable development：theoretical concept or practical policy instrument？ [J]. International journal of cultural policy，2017，23(2)：133-147.

[93] 子柚. 美国纸书销量连续六年上涨[N]. 国际出版周报，2019-1-21.

[94] 赵蕾. 电子书衰落与纸质书回归:近年来美国图书市场销售趋势与读者媒介选择分析[J]. 编辑之友，2019，(1):96-101.

[95] 田杨. 需求价格弹性视角下的图书差异化定价策略[J]. 中国出版，2011，8：37-39.

[96] 冯建英，穆维松，傅泽田. 消费者的购买意愿研究综述[J]. 现代管理科学，2006，11:7-9.

[97] BELL D R ，BUCKLIN R E. The role of internal reference points in the category purchase decision[J]. Journal of consumer research，1999，26:128-43.

[98] AJZEN I. The theory of planned behavior[J]. Organizational behavior and human decision processes，1991，50：179-211.

[99] DAVIS F D，BAGOZZI R P，WARSHAW P R.User acceptance of computer technology：a comparison of two theoretical models[J].Management science，1989，35(8):982- 1003.

[100] ANDY S C，FRANCO P，JEFF B. Assessing cultural values：developing an attitudinal scale[J].Journal of cultural economics ，2007，31(4):311-335.

[101] AJZEN I. Residual effects of past on later behavior：habituation and reasoned action perspectives[J]. Personality and social psychology review，2002，6：107-122.

[102] 段文婷，江光荣. 计划行为理论述评[J]. 心理科学进展，2008，16(2):315-320.

[103] MONROE K B.Buyers' subjective perceptions of price[J].Journal of marketing research,1973,10(1):70-80.

[104] BAR M，NETA M.The proactive brain：using rudimentary information to make predictive judgments[J].Journal of consumer behaviour,2008,7:319-330.

[105] SIMON H. 定价制胜[M]. 蒙卉薇,孙雨熙,译. 北京:机械工业出版社,2017.

[106] SIMONSON I，DROLET A.Anchoring effects on consumers' willingness-to-pay and willingness-to-accept[J].Journal of consumer research，2004，31(12)：681-690.

[107] PAYNE J W，BETTMAN J R，JOHNSON E J. Behavioral decision research：a constructive processing perspective [J].Annual review of psychology，1992，43(1):87-131.

[108] DHAR R，GLAZER R. Similarity in context：cognitive representation and violations of preference and perceptual invariance in consumer choice [J]. Organizational behavior and human decision processes，1996，67：280-293.

[109] WOODRUFF R B. Customer value：the next source for competitive advantage[J]. Journal of academy of marketing science，1997，25(2):139-153.

[110] 张全成,胡韬,周庭锐. 基于展望理论的企业定价策略研究[J]. 价格月刊, 2012,2:10-14.

[111] NICHOLAS C B. Thirty years of prospect theory in economics：a review and assessment[J]. Journal of economic perspectives，2013，27(1):173-196.

[112] 张明立,樊华,于秋红. 顾客价值的内涵、特征及类型[J]. 管理科学，2005，18(2):71-77.

[113] ISAAC M S，POOR M. The sleeper framing effect：the influence of frame valence on immediate and retrospective judgments[J]. Journal of consumer psychology，2016，26(1)：53-65.

[114] SUN Y，MELLERS B. Trade-upgrade framing effects：trades are losses，but upgrades are improvements[J].Judgment and decision making，2016，11(6)：582-588.

[115] BUTZ H E，Jr.，GOODSTEIN L D. Measuring customer value：gaining the strategic advantage[J].Organizational dynamics,1996,24:63-77.

[116] 苏凇,黄劲松. 参照价格理论研究新进展[J]. 经济学动态,2013,3:148-157.

[117] 白世贞,谢爽. 网络购物环境下参考价格对购买意愿影响的研究[J]. 价格月刊,2017,4:10-15.

[118] HUANG J S, CHEN X. The effect of consumer's purchase plan on reference price choice [J]. African journal of business management,2013(6):424-431.

[119] ZIMRI M T, ZAMRI N S, AZIZ A A. A preliminary study of internal reference prices and purchase intentions in hotels[J].Current issues in hospitality and tourism:research and innovations,2012:15-322.

[120] RAYES Y, BACH C. An empirical study of advertised reference price on consumers' behaviors[J]. International journal of innovation and applied studies, 2013(3):616-625.

[121] WILLIAM O B, AJIT K, MELINDA S B, et al.Examining alternative operational measures of internal reference prices[J].Advances in consumer research, 1992, 19(1):629-635.

[122] LIM W M, YONG J, LI S, et al. Consumers' perceived value and willingness to purchase organic food[J].Journal of global marketing, 2014,27:298-307.

[123] HERMAN F H, ZUBAIR H, OMKAR D. Factors leading to consumer perceived value of smartphones and its impact on purchase intention[J]. Global business and management research,2017,9(1):42-71.

[124] REZA S, JAVAD K P. Brand attitude and perceived value and purchase intention toward global luxury brands[J]. Journal of international consumer marketing, 2017, 29(2): 74-82.

[125] JOEL E U, WILLIAM O B, AJIT K, et al. Transaction utility effects when quality is uncertain[J]. Journal of the academy of marketing science,1997,25(1):45-55.

[126] 吴小梅. 基于交易效用理论的消费者冲动购买研究[J]. 消费经济, 2015 ,(5): 51-54.

[127] HU HSIN-HUI, KANDAMPULLY J, JUWAHEER TD. Relationships and impacts of service quality, perceived value, customer satisfaction, and image: an empirical study[J].The service industries journal,2009, 29(2):111-125.

[128] PAURAV S. Effects of perceived sacrifice, quality, value, and satisfaction on

behavioral intentions in the service environment[J]. Services marketing quarterly, 2010, 31(4): 466-484.

[129] YU H S, ZHANG J J, KIM D H, et al. Service quality, perceived value, customer satisfaction, and behavioral intention among fitness center members aged 60 years and over[J]. Social behavior and personality, 2014, 42(5): 757-768.

[130] TOBIAS S.Quality in the performing arts: aggregating and rationalizing expert opinion[J].Journal of cultural economics, 2004, 28: 109-124.

[131] YUA H, FANG W. Relative impacts from product quality, service quality, and experience quality on customer perceived value and intention to shop for the coffee shop market[J].Total quality management, 2009, 20(11): 1273-1285.

[132] HE HW, LI Y. Key service drivers for high-tech service brand equity: The mediating role of overall service quality and perceived value[J]. Journal of marketing management, 2011, 27: 77-99.

[133] TAM J L M.Customer satisfaction, service quality and perceived value: an integrative model[J].Journal of marketing management , 2004, 20: 897-917.

[134] ERDEM T , KAIZ M L , SUN B. A simple test for distinguishing between internal reference price theories[J]. Quantitative marketing & economics, 2010, 8: 303-332.

[135] ASHOK K L, SHARON S. You get what you pay for? Self-construal influences price-quality judgments[J]. Journal of consumer research, 2013, 40(2): 255-267.

[136] LAZZARO E.Assessing Quality in Cultural Goods: The hedonic value of originality in rembrandt's prints[J].Journal of cultural economics , 2006(30): 15-40.

[137] 曾世强，陈健，吕巍，等. 独立自我“啬于人”，相依自我“啬于己”：为自己消费还是为他人消费与自我建构对储蓄和消费选择的影响[J]. 管理评论，2016(6): 119-129.

[138] ADAVAL R, MONROE K B.Automatic construction and use of contextual information for product and price evaluations[J].Journal of consumer research, 2002, 28(3): 572-588.

[139] 方杰，温忠麟，张敏强，等. 基于结构方程模型的多重中介效应分析[J]. 心理科

学，2014，37（3）：735-741.

[140] MARINE L G. Definition，measurement and determinants of the consumer's willingness to pay：a critical synthesis and avenues for further research[J]. Recherche et applications en marketing（English edition），2009，24（2）：91-112.

[141] 杨青红，杨同宇. 手段-目的链理论应用[J]. 商业时代，2013，（21）：35-37.

[142] KALPESH K D，SUMAN B. Interactive influence of genre familiarity，star power，and critics' reviews in the cultural goods industry：the case of motion pictures[J]. Psychology & marketing，2005，22（3）：203-223.

[143] SULLIVAN M G，TRISTA R. The effect of product type on value linkages in the means-end chain：implications for theory and method [J]. Journal of consumer behaviour，2004，3（3）：221-234.

[144] 张新安. 中国消费者的顾客价值形成机制[J]. 管理世界，2010，（1）：107-121.

[145] RETALLACK M，SCHOTT S.Cultural values and ecosystem manage-ment at the subwatershed level[J].Environmental policy and governance，2014，（24）：351-363.

[146] 李四兰，景奉杰. 参考效应对价格感知影响的内隐机制[J]. 商业研究，2010（8）：38-40.

[147] WATHIEU L，BERTINI M.Price as a stimulus to think：the case for willful overpricing[J].Marketing science，2007，26（1）：118-129.

[148] CHANG TUNG-ZONG，WILDT A R.Impact of product information on the use of price as a quality cue[J].Psychology & marketing，1996，13（1）：55-75.

[149] WHITE K，MACDONNELL R，DAHL D W. It's the mind-set that matters：The role of construal level and message framing in influencing consumer efficacy and conservation behaviors[J]. Journal of marketing research，2011，48（3）：472-485.

[150] BORNEMANN T，HOMBURG C. Psychological distance and the dual role of price[J]. Journal of consumer research，2011，38（3）：490-504.

[151] IRMAK C，BLOCK L G，FITZSIMONS G J.The placebo effect in marketing：sometimes you just have to want it to work[J].Journal of marketing research，2005，42（11）：406-409.

[152] BROWN J A，FOWLER S L，RASINSKI H M. Choice as a moderator of placebo

expectation effects: additional support from two experiments[J].Basic and applied social psychology, 2013, (35):436-444.

[153] CARLOS A A, EVANDRO L L, HERNANDEZ J M DA C .It makes me feel so good: an experimental study of the placebo effect generated by brands[J].Journal of international consumer marketing, 2017, 29(4):223-238.

[154] SHIV B, ZIV C, DAN A. Placebo effects of marketing actions: consumers may get what they pay for [J].Journal of marketing research, 2005, 42(11):383-393.

[155] HILKE P, BERND W. Individual differences in marketing placebo effects: evidence from brain imaging and behavioral experiments[J].Journal of marketing research, 2015, 52(8):493-510.

[156] RONALD WN, DANNY W, CARTER H R. Specifying price judgments with range: frequency theory in models of brand choice[J]. Journal of marketing research, 2009, 46(10):693-702.

[157] KWANHO S, et al. The effect of reference point diagnosticity on attractiveness and intentions ratings[J]. Journal of marketing research, 2010, 47(10):983-995.

[158] MARCUS C, Jr., SHULMAN J D.Assimilation and contrast in price evaluations[J].Journal of consumer research, 2011, 37(2):822-835.

[159] DAYARATNA K D, P K KANNAN. A mathematical reformulation of the reference price[J]. Marketing letters, 2012, 23:839-849.

[160] RAJENDRAN K N, TELLLS G J. Contextual and temporal components of reference price[J]. Journal of marketing, 1994, 58(1):22-34.

[161] NASIRY J, POPESCU I. Dynamic pricing with loss-averse consumers and peak-end anchoring[J]. Operations research, 2011, 59(6):1361-1368.

[162] WENNER L M. Expected prices as reference points—theory and experiments[J]. European economic review, 2015, 75:60-79.

[163] THOMAS M, MENON G. When internal reference prices and price expectations diverge: the role of confidence[J]. Journal of marketing research, 2007, 44(3): 401-409.

[164] LISA E B, LUK W, JOSEPH W A. Consumer perceptions of price (Un)

fairness[J]. Journal of consumer research，2003，29（3）：474-491.

[165] DEKHILI S，ACHABOU M A.Price fairness in the case of green products：enterprises' policies and consumers' perceptions[J]. Business strategy and the environment，2013，22：547-560.

[166] LIANG G. Inequity aversion and fair selling[J]. Journal of marketing research，2015，72（2）：77-89.

[167] STEPHEN LS，BRENDAN D，JORIS D. Examining the role of price fairness in sport consumer ticket purchase decisions[J]. Sport marketing quarterly，2016，25：227-240.

[168] ARKES H，et al.Reference point adaptation[J]. Organizational behavior and human decision processes，2008，105（1）：67-81.

[169] 谢晓非，陆静怡. 风险决策中的双参照点效应[J]. 心理科学进展，2014，22（4）：571-579.

[170] WANG XT，JOHNSON J G.A tri-reference point theory of decision making under risk[J].Journal of ex-perimental psychology：general，2012，141（4）：742-756.

[171] KOOP G J，JOHNSON J G.The use of multiple reference points in risky decision making[J].Joural of behavioral decision making，2010，25：49-62.

[172] KLEIN N M，OGLETHORPE J E.Cognitive reference points in consumer decision making[J].Advances in consumer research，1987，14：183-187.

[173] ALAVI S，BORNEMANN T，WIESEKE J.Gambled price discounts：a remedy to the negative side effects of regular price discounts[J].Journal of marketing，2015，（3）：62-78.

[174] SHIRAI M.The relationship between internal reference price and three aspects of dealing patterns：frequency，depth，and depth variation[J].Asia pacific advances in consumer research，2005，6：299-302.

[175] CAI YI，CUDE B.Reference prices and consumers' feeling of regret：an investigation of consumers' use of an online price-bidding method[J].International journal of consumer studies，2011，35：441-447.

[176] SHIRAI M. Consumer Evaluation of multiple internal reference prices[J].

Advances in consumer research，2004，31：580-583.

[177] 毕楠，孙丽辉. 基于产品感知质量的集群品牌影响效应实验研究[J]. 管理评论，2009，(5)：52-59.

[178] 陈晓萍，徐淑英，樊景立. 组织与管理研究的实证方法[M].2 版. 北京：北京大学出版社，2017：190-207.

[179] 吴明隆，涂金堂.SPSS 与统计应用分析[M]. 大连：东北财经大学出版社，2012：660-722.

[180] 吴明隆. 结构方程模型：AMOS 的操作与应用[M]. 重庆：重庆大学出版社，2010：212-261.

[181] 周浩，龙立荣. 共同方法偏差的统计检验与控制方法[J]. 心理科学进展，2004(6)：942-950.

[182] 郑昊敏，温忠麟，吴艳. 心理学常用效应量的选用与分析[J]. 心理科学进展，2011，19(12)：1868-1878.

[183] 温忠麟，范息涛，叶宝娟，等. 从效应量应有的性质看中介效应量的合理性[J]. 心理学报，2016，48(4)：435-443.

[184] 张涵，康飞. 基于 bootstrap 的多重中介效应分析方法[J]. 统计与决策，2016(5)：75-78.

[185] 段哲哲，周义程. 创新扩散时间形态的 S 形曲线研究：要义、由来、成因与未来研究方向[J]. 科技进步与对策，2018，35(8)：155-160.

[186] 方杰，温忠粦，梁东梅. 基于多元回归的调节效应分析[J]. 心理科学，2015，38(3)：715-720.

[187] 杨连星，孙新朋. 文化产品出口增长：来自价格还是质量？ [J]. 世界经济研究，2018，(2)：84-97.

[188] AYELET G，URI G，DOMINIQUE O L. A reference-dependent model of the price–quality heuristic[J].Journal of marketing research ，2014，51(2)：153-164.

[189] 苏凇，黄劲松. 关于逆营销的效果研究：基于 CLT 理论的视角[J]. 管理世界，2013，(11)：118-129.

[190] ANNIE P C，JENNIFER W. What you ask changes what I pay：framing effects in pay what you want pricing[J]. Journal of marketing theory and practice，2017，25

(4):323-339.

[191] JEFFREY M，VENKATESH S. Pricing strategies for hybrid bundles：analytical model and insights[J]. Journal of retailing，2016，92(2)：133-146.

附录 A1　非文化类富媒体图书预调研问卷

您好!

本问卷是有关在读的本科生或硕士研究生自主选择富媒体教材教辅的调查! 非常感谢您抽出宝贵时间参与问卷调查!

本调查用于富媒体教材教辅购买意愿的学术研究,问卷采用匿名方式,您的选择和回答没有对错之分! 您的真实想法对研究成果生成有非常重要的影响! 认真填写问卷约花费您 10 分钟的时间,用手机微信填写的有效问卷可参与红包抽奖! 一部手机只能提交一次问卷!

我们在此郑重声明:本调查仅用于学术性研究,决不另做他用,即便如此,我们仍郑重承诺:对问卷信息严格保密。您的“积极参与”和“真实想法”将对本书做出重要贡献!

文化产业研究所

填写问卷前必读:

本问卷中的“富媒体教材教辅”是一种数字媒体和纸媒相融合的创新型图书。假设您需要自主购买一本教材教辅,如某出版社某作者的《财务分析案例》《管理学案例分析》。该教材教辅有两个版本:传统纸质版和富媒体版,富媒体版与纸质版除价格不同外还有 3 个显著特点:媒体融合、超级链接、沟通互动。

富媒体版3个显著特点：

➢ 媒体融合：60%的内容在纸上呈现，40%的内容以动画、音视频、虚拟现实等新媒体呈现

➢ 超级链接：新媒体内容在纸书上以二维码或AR技术通过超级链接的方式在手机上展现

➢ 沟通互动：随时随地可与作者、译者、其他读者借助手机平台沟通互动

1. 您的在读状态：[单选题] [必答题]

○在读本科　○在读研究生　○其他

2. 您认为本问卷中介绍的富媒体教材教辅与传统纸质教材教辅相比，变化如何？ [单选题] [必答题]

○非常大　○大　○说不清　○小　○非常小

3. 您愿意自主选择购买教材教辅吗？ [单选题] [必答题]

○愿意　○不确定　○不愿意

4."参考价格"是消费者对产品"价格"进行评价和判断的心理基准价格。购买教材教辅时，您心中有"参考价格"吗？ [单选题] [必答题]

○有　○不确定　○没有

5. 假设您为某门将要学习的课程在"纸质版（销售价格：42.8元）"或"富媒体版（销售价格：47.8元）"中自主选择购买一种教材教辅，两种版本除定价不同以及富媒体版具有3个显著特点（媒体融合、超级链接、沟通互动）外，其他方面相同。

现在，请您针对备选的"富媒体版（销售价格：47.8元）"教材教辅，把下列参考价格（即您对"富媒体版"的47.8元的销售价格进行评价和判断的各种心理价格）填在方框内。 [填空题] [必答题]

富媒体教材教辅的参考价格：

（1）您认为“划算”的价格为______元；

（2）与推测的成本利润相比，您认为公平的价格为______元；

（3）您认为“物有所值”的价格为______元；

（4）您认为常规的销售价格为______元；

（5）您期望的价格为______元；

（6）您愿意支付的最高价格为______元；

（7）您愿意接受的最低价格（低于该价格，您会怀疑富媒体教材教辅质量有问题）为______元；

（8）您最满意的价格为______元。

6. 依据前述的各种信息和富媒体图书的 3 个显著特点（媒体融合、超级链接、沟通互动），下列有关富媒体教材教辅的判断，您的选择如何？ [矩阵量表题] [必答题]

	非常低	低	有点低	不确定	有点高	高	非常高
富媒体版的知识准确性如何？	○	○	○	○	○	○	○
富媒体版的创新性如何？	○	○	○	○	○	○	○
富媒体版的质量如何？	○	○	○	○	○	○	○
富媒体版是值得信赖的吗？（可信性）	○	○	○	○	○	○	○
富媒体版适用于阅读和学习吗？（适用性）	○	○	○	○	○	○	○

7. 依据前述的各种信息和富媒体图书的 3 个显著特点（媒体融合、超级链接、沟通互动），下列有关富媒体教材教辅的陈述，您是否同意？ [矩阵量表题] [必答题]

	非常不同意	不同意	有点不同意	不确定	有点同意	同意	非常同意
相对于定价而言，富媒体版物有所值	○	○	○	○	○	○	○
富媒体版定价合理而且质量会很高	○	○	○	○	○	○	○
富媒体版定价能保证富媒体版 3 个特点的高质量	○	○	○	○	○	○	○
与纸质版相比，富媒体版性价比很高	○	○	○	○	○	○	○

续表

	非常不同意	不同意	有点不同意	不确定	有点同意	同意	非常同意
考虑到品牌和富媒体版的特点，富媒体版很划算	○	○	○	○	○	○	○
富媒体版能满足我对图书高质量、低价格的需要	○	○	○	○	○	○	○
与我愿意支付的最高价格相比，富媒体版定价说明其物美价廉	○	○	○	○	○	○	○
富媒体版定价合理且能很好满足我阅读和学习的需要，值得拥有	○	○	○	○	○	○	○
富媒体版定价合理而且物超所值	○	○	○	○	○	○	○

8. 依据前述的各种信息和富媒体图书的 3 个显著特点（媒体融合、超级链接、沟通互动），下列有关富媒体教材教辅的陈述，您是否同意？ [矩阵量表题] [必答题]

	非常不同意	不同意	有点不同意	不确定	有点同意	同意	非常同意
与我的预期价格相比，富媒体版定价很便宜	○	○	○	○	○	○	○
富媒体版定价让我感觉会省些钱，我很高兴	○	○	○	○	○	○	○
除了省钱以外，富媒体版定价对我有利，我很满意	○	○	○	○	○	○	○
富媒体版的定价让我很开心	○	○	○	○	○	○	○
与纸质版定价相比，我对富媒体版的定价很满意	○	○	○	○	○	○	○

9. 综合考虑 5~8 题中的价格和价值判断，在您自主决策购买相关教材教辅的情境下，在传统纸质版和富媒体版之间二选一，您是否同意下列陈述？ [矩阵量表题] [必答题]

	非常不同意	不同意	有点不同意	不确定	有点同意	同意	非常同意
我愿意购买富媒体版	○	○	○	○	○	○	○
我愿意推荐我的朋友购买富媒体版	○	○	○	○	○	○	○

续表

	非常不同意	不同意	有点不同意	不确定	有点同意	同意	非常同意
我愿意为购买富媒体版多付些钱	○	○	○	○	○	○	○
如果需要，我购买富媒体版的可能性很大	○	○	○	○	○	○	○

10. 您的年龄：[单选题] [必答题]

○ 18 岁及以下　○ 19~22 岁　○ 23 岁及以上

11. 您的性别：[单选题] [必答题]

○男　○女

问卷填写完毕！再次谢谢您的帮助！别忘了抽取红包哦！

附录 A2 文化类富媒体图书预调研问卷

您好!

本问卷是有关富媒体图书价格价值的调查！非常感谢您抽出宝贵时间参与问卷调查!

本调查用于富媒体图书购买意愿的学术研究,问卷采用匿名方式,您的选择和回答没有对错之分！您的真实想法对研究成果生成有非常重要的影响！认真填写问卷约花费您 10 分钟的时间,用手机微信填写的有效问卷可参与红包抽奖！一部手机只能提交一次问卷!

我们在此郑重声明:本调查仅用于学术性研究,决不另做他用,即便如此,我们仍郑重承诺:对问卷信息严格保密。您的“积极参与”和“真实想法”将对本书做出重要贡献!

文化产业研究所

填写问卷前必读:

本问卷中的“富媒体图书”是一种数字媒体和纸媒相融合的创新型图书。假设您想要购买一本喜欢的图书,如某出版社的《朗读者》《未来简史》等。该图书有两个版本:传统纸质版和富媒体版,富媒体版与纸质版除价格不同外还有 3 个显著特点:媒体融合、超级链接、沟通互动。

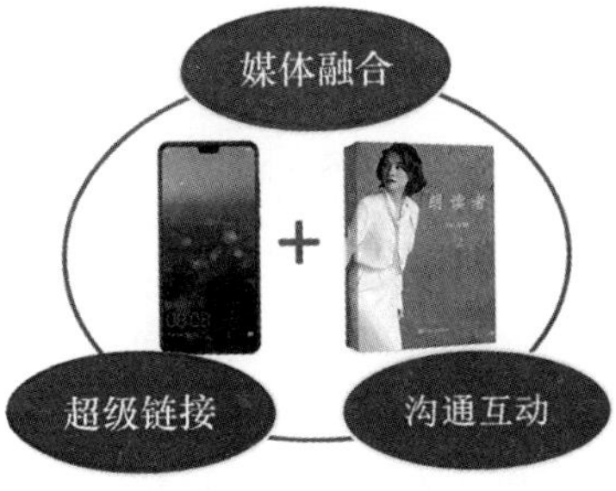

富媒体版 3 个显著特点：

➢ 媒体融合：60%的内容在纸上呈现，40%的内容以动画、音视频、虚拟现实等新媒体呈现

➢ 超级链接：新媒体内容在纸书上以二维码或 AR 技术通过超级链接的方式在手机上展现

➢ 沟通互动：随时随地可与作者、译者、其他读者借助手机平台沟通互动

1. 您的年龄：[单选题] [必答题]

○ 18 ~22 岁　○ 23~25 岁　○ 26 ~30 岁　○ 31 ~39 岁　○其他

2. 您认为本问卷中介绍的富媒体图书与传统纸质图书相比，变化如何？ [单选题] [必答题]

○非常大　○大　○说不清　○小　○非常小

3. 您可能购买富媒体图书吗？ [单选题] [必答题]

○可能　○不确定　○不可能

4.“参考价格”是消费者对产品“价格”进行评价和判断的心理基准价格。购买图书时，您心中有“参考价格”吗？ [单选题] [必答题]

○有　○不确定　○没有

5. 假设您想要购买一本某出版社的《朗读者》，该书有两个版本：纸质版和富媒体版，您将在“纸质版（销售价格：45 元）”或“富媒体版（销售价格：53 元）”中自主选择一个版本，两种版本除定价不同以及富媒体版具有 3 个显著特点（媒体融合、超级链接、沟通互动）外，其他方面相同。

现在，请您针对备选的“富媒体版（销售价格：53 元）”，把下列参考价格（即您对“富媒体版”的 53 元销售价格进行评价和判断的各种心理价格）填在方框内。 [填空题] [必答题]

富媒体教材教辅的参考价格：

（1）您认为“划算”的价格为_______元；

（2）与推测的成本利润相比，您认为公平的价格为_______元；

（3）您认为“物有所值”的价格为_______元；

（4）您认为常规的销售价格为_______元；

（5）您期望的价格为_______元；

（6）您愿意支付的最高价格为_______元；

（7）您愿意接受的最低价格（低于该价格，您会怀疑富媒体教材教辅质量有问题）为_______元；

（8）您最满意的价格为_______元。

6. 富媒体图书可能因内容、形式创新和对社会的贡献具有文化价值，下列有关该富媒体图书的描述，您是否同意？ [矩阵量表题] [必答题]

	非常不同意	不同意	有点不同意	不确定	有点同意	同意	非常同意
该富媒体图书观感很好	○	○	○	○	○	○	○
该富媒体图书有助于我们更好地了解人类自身	○	○	○	○	○	○	○
我们喜欢有富媒体图书陪伴的感觉	○	○	○	○	○	○	○
该富媒体图书能促进全民阅读，培养全民阅读习惯	○	○	○	○	○	○	○
该富媒体图书对我们具有重要的文化意义	○	○	○	○	○	○	○
该富媒体图书向我们传递了重要的精神信息	○	○	○	○	○	○	○
该富媒体图书对国民有教育价值	○	○	○	○	○	○	○

7. 依据前述各种信息和判断以及富媒体图书的3个显著特点（媒体融合、超级链接、沟通互动），下列有关富媒体教材教辅的判断，您的选择如何？ [矩阵量表题] [必答题]

	非常低	低	有点低	不确定	有点高	高	非常高
富媒体版的知识准确性如何？	○	○	○	○	○	○	○

续表

	非常低	低	有点低	不确定	有点高	高	非常高
富媒体版的创新性如何？	○	○	○	○	○	○	○
富媒体版的质量如何？	○	○	○	○	○	○	○
富媒体版是值得信赖的吗？（可信性）	○	○	○	○	○	○	○
富媒体版适用于阅读和学习吗？（适用性）	○	○	○	○	○	○	○

8. 依据前述各种信息和判断以及富媒体图书的 3 个显著特点（媒体融合、超级链接、沟通互动），下列有关富媒体教材教辅的陈述，您是否同意？ [矩阵量表题] [必答题]

	非常不同意	不同意	有点不同意	不确定	有点同意	同意	非常同意
相对于定价而言，富媒体版物有所值	○	○	○	○	○	○	○
富媒体版定价合理而且质量会很高	○	○	○	○	○	○	○
富媒体版定价能保证富媒体版 3 个特点的高质量	○	○	○	○	○	○	○
与纸质版相比，富媒体版性价比很高	○	○	○	○	○	○	○
考虑到品牌和富媒体版的特点，富媒体版很划算	○	○	○	○	○	○	○
富媒体版能满足我对图书高质量、低价格的需要	○	○	○	○	○	○	○
与我愿意支付的最高价格相比，富媒体版定价说明其物美价廉	○	○	○	○	○	○	○
富媒体版定价合理且能很好满足我阅读和学习的需要，值得拥有	○	○	○	○	○	○	○
富媒体版定价合理而且物超所值	○	○	○	○	○	○	○

9. 依据前述各种信息和判断以及富媒体图书的 3 个显著特点（媒体融合、超级链接、沟通互动），下列有关富媒体教材教辅的陈述，您是否同意？ [矩阵量表题] [必答题]

	非常不同意	不同意	有点不同意	不确定	有点同意	同意	非常同意
与我的预期价格相比，富媒体版定价很便宜	○	○	○	○	○	○	○
富媒体版定价让我感觉会省些钱，我很高兴	○	○	○	○	○	○	○
除了省钱以外，富媒体版定价对我有利，我很满意	○	○	○	○	○	○	○
富媒体版的定价让我很开心	○	○	○	○	○	○	○
与纸质版定价相比，我对富媒体版的定价很满意	○	○	○	○	○	○	○

10. 综合考虑 5~9 题中的价格和价值判断，假设您要购买一本某出版社的《中国诗词大会》，在传统纸质版和富媒体版之间二选一，您是否同意下列陈述？ [矩阵量表题] [必答题]

	非常不同意	不同意	有点不同意	不确定	有点同意	同意	非常同意
我愿意购买富媒体版	○	○	○	○	○	○	○
我愿意推荐我的朋友购买富媒体版	○	○	○	○	○	○	○
我愿意为购买富媒体版多付些钱	○	○	○	○	○	○	○
如果需要，我购买富媒体版的可能性很大	○	○	○	○	○	○	○

11. 您的性别：[单选题] [必答题]

○男　○女

12. 您的学历：[单选题] [必答题]

○专科及以下　○本科　○硕士　○博士及以上

问卷填写完毕！再次谢谢您的帮助！别忘了抽取红包哦！

附录 B1　非文化类富媒体图书正式调研问卷

您好！

本问卷是有关在读的本科生或硕士研究生自主选择富媒体教材教辅的调查！非常感谢您抽出宝贵时间参与问卷调查！

本调查用于富媒体教材教辅购买意愿的学术研究，问卷采用匿名方式，您的选择和回答没有对错之分！您的真实想法对研究成果生成有非常重要的影响！认真填写问卷约花费您 10 分钟的时间，用手机微信填写的有效问卷可参与红包抽奖！一部手机只能提交一次问卷！

我们在此郑重声明：本调查仅用于学术性研究，决不另做他用，即便如此，我们仍郑重承诺：对问卷信息严格保密。您的“积极参与”和“真实想法”将对本书做出重要贡献！

文化产业研究所

填写问卷前必读：

本问卷中的“富媒体教材教辅”是一种数字媒体和纸媒相融合的创新型图书。假设您需要自主购买一本教材教辅，如某出版社某作者的《财务分析案例》《管理学案例分析》。该教材教辅有两个版本：传统纸质版和富媒体版，富媒体版与纸质版除价格不同外还有 3 个显著特点：媒体融合、超级链接、沟通互动。

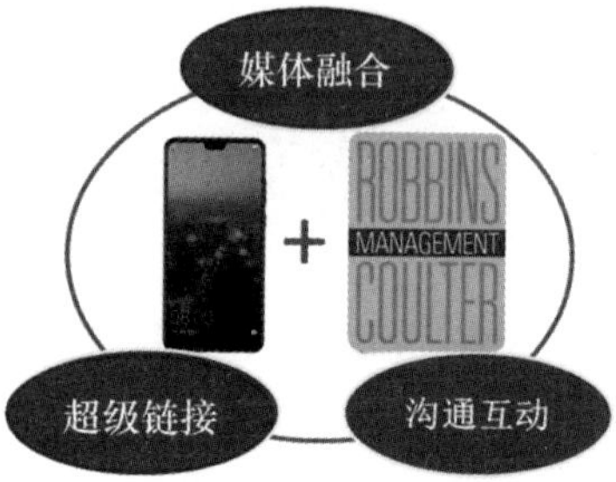

富媒体版 3 个显著特点：

➢ 媒体融合：60%的内容在纸上呈现，40%的内容以动画、音视频、虚拟现实等新媒体呈现

➢ 超级链接：新媒体内容在纸书上以二维码或 AR 技术通过超级链接的方式在手机上展现

➢ 沟通互动：随时随地可与作者、译者、其他读者借助手机平台沟通互动

1. 您的在读状态：[单选题] [必答题]

○在读本科　○在读研究生　○其他

2. 您认为本问卷中介绍的富媒体教材教辅与传统纸质教材教辅相比，变化如何？ [单选题] [必答题]

○非常大　○大　○说不清　○小　○非常小

3. 您愿意自主选择购买教材教辅吗？ [单选题] [必答题]

○愿意　○不确定　○不愿意

4. “参考价格”是消费者对产品“价格”进行评价和判断的心理基准价格。购买教材教辅时，您心中有“参考价格”吗？ [单选题] [必答题]

○有　○不确定　○没有

5. 假设您为某门将要学习的课程在“纸质版（销售价格：42.8 元）”或“富媒体版（适中价格策略为：47.8 元；渗透价格策略为：37.8 元；撇脂价格策略为：52.8 元）”中自主选择购买一种教材教辅，两种版本除定价不同以及富媒体版具有 3 个显著特点（媒体融合、超级链接、沟通互动）外，其他方面相同。

现在，请您针对备选的“富媒体版（适中价格策略为：47.8 元；渗透价格策略为：37.8 元；撇脂价格策略为：52.8 元）”教材教辅，把下列参考价格（即您对“富媒体版”的 47.8 元/37.8 元/52.8 元销售价格进行评价和判断的各种心理价格）填在方框内。[填空题] [必答题]

富媒体教材教辅的参考价格：

(1)您认为"划算"的价格为________元；

(2)与推测的成本利润相比，您认为公平的价格为________元；

(3)您认为"物有所值"的价格为________元；

(4)您期望的价格为________元。

6. 依据前述的各种信息和富媒体图书的 3 个显著特点(媒体融合、超级链接、沟通互动)，下列有关富媒体教材教辅的判断，您的选择如何？ [矩阵量表题] [必答题]

	非常低	低	有点低	不确定	有点高	高	非常高
富媒体版的知识准确性如何？	○	○	○	○	○	○	○
富媒体版的创新性如何？	○	○	○	○	○	○	○
富媒体版的质量如何？	○	○	○	○	○	○	○
富媒体版是值得信赖的吗？(可信性)	○	○	○	○	○	○	○
富媒体版适用于阅读和学习吗？(适用性)	○	○	○	○	○	○	○

7. 依据前述的各种信息和富媒体图书的 3 个显著特点(媒体融合、超级链接、沟通互动)，下列有关富媒体教材教辅的陈述，您是否同意？ [矩阵量表题] [必答题]

	非常不同意	不同意	有点不同意	不确定	有点同意	同意	非常同意
相对于定价而言，富媒体版物有所值	○	○	○	○	○	○	○
富媒体版定价合理而且质量会很高	○	○	○	○	○	○	○
与纸质版相比，富媒体版性价比很高	○	○	○	○	○	○	○
考虑到品牌和富媒体版的特点，富媒体版很划算	○	○	○	○	○	○	○
与我愿意支付的最高价格相比，富媒体版定价说明其物美价廉	○	○	○	○	○	○	○
富媒体版定价合理且能很好满足我阅读和学习的需要，值得拥有	○	○	○	○	○	○	○
富媒体版定价合理而且物超所值	○	○	○	○	○	○	○

8. 依据前述的各种信息和富媒体图书的 3 个显著特点（媒体融合、超级链接、沟通互动），下列有关富媒体教材教辅的陈述，您是否同意？ [矩阵量表题] [必答题]

	非常不同意	不同意	有点不同意	不确定	有点同意	同意	非常同意
与我的预期价格相比，富媒体版定价很便宜	○	○	○	○	○	○	○
富媒体版定价让我感觉会省些钱，我很高兴	○	○	○	○	○	○	○
除了省钱以外，富媒体版定价对我有利，我很满意	○	○	○	○	○	○	○
富媒体版的定价让我很开心	○	○	○	○	○	○	○
与纸质版定价相比，我对富媒体版的定价很满意	○	○	○	○	○	○	○

9. 综合考虑 5~8 题中的价格和价值判断，在您自主决策购买相关教材教辅的情境下，在传统纸质版和富媒体版之间二选一，您是否同意下列陈述？ [矩阵量表题] [必答题]

	非常不同意	不同意	有点不同意	不确定	有点同意	同意	非常同意
我愿意购买富媒体版	○	○	○	○	○	○	○
我愿意推荐我的朋友购买富媒体版	○	○	○	○	○	○	○
我愿意为购买富媒体版多付些钱	○	○	○	○	○	○	○
如果需要，我购买富媒体版的可能性很大	○	○	○	○	○	○	○

10. 您的年龄：[单选题] [必答题]

○ 18 岁及以下　○ 19~22 岁　○　23 岁及以上

11. 您的性别：[单选题] [必答题]

○男　○女

问卷填写完毕！再次谢谢您的帮助！别忘了抽取红包哦！

附录 B2　文化类富媒体图书正式调研问卷

您好!

本问卷是有关富媒体图书价格价值的调查! 非常感谢您抽出宝贵时间参与问卷调查!

本调查用于富媒体图书购买意愿的学术研究,问卷采用匿名方式,您的选择和回答没有对错之分! 您的真实想法对研究成果生成有非常重要的影响! 认真填写问卷约花费您 10 分钟的时间,用手机微信填写的有效问卷可参与红包抽奖! 一部手机只能提交一次问卷!

我们在此郑重声明:本调查仅用于学术性研究,决不另做他用,即便如此,我们仍郑重承诺:对问卷信息严格保密。您的“积极参与”和“真实想法”将对本书做出重要贡献!

文化产业研究所

填写问卷前必读:

本问卷中的“富媒体图书”是一种数字媒体和纸媒相融合的创新型图书。假设您想要购买一本喜欢的图书,如某出版社的《朗读者》《未来简史》等。该图书有两个版本:传统纸质版和富媒体版,富媒体版与纸质版除价格不同外还有 3 个显著特点:媒体融合、超级链接、沟通互动。

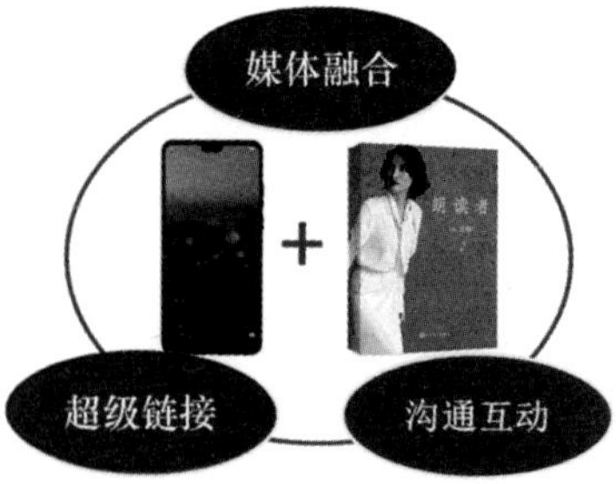

富媒体版 3 个显著特点：

➢ 媒体融合：60%的内容在纸上呈现，40%的内容以动画、音视频、虚拟现实等新媒体呈现

➢ 超级链接：新媒体内容在纸书上以二维码或 AR 技术通过超级链接的方式在手机上展现

➢ 沟通互动：随时随地可与作者、译者、其他读者借助手机平台沟通互动

1. 您的年龄：[单选题] [必答题]

○ 18~22 岁　○ 23~25 岁　○ 26~30 岁　○ 31~39 岁　○其他

2. 您认为本问卷中介绍的富媒体图书与传统纸质图书相比，变化如何？ [单选题] [必答题]

○非常大　○大　○说不清　○小　○非常小

3. 您可能购买富媒体图书吗？ [单选题] [必答题]

○可能　○不确定　○不可能

4.“参考价格”是消费者对产品“价格”进行评价和判断的心理基准价格。购买图书时，您心中有“参考价格”吗？ [单选题] [必答题]

○有　○不确定　○没有

5. 假设您想要购买一本某出版社的《朗读者》，该书有两个版本：纸质版和富媒体版，您将在“纸质版（定价：45 元）”或“富媒体版（整合价格框架：52.8 元；分离价格框架：纸质图书 A 售价 37.8 元，书中 30 处数字化资源 B 售价 15 元，合计也为 52.8 元，可自主选择 A 或 A+B）”中自主选择一个版本，两种版本除定价不同以及富媒体版具有 3 个显著特点（媒体融合、超级链接、沟通互动）外，其他方面相同。

现在，请您针对备选的“富媒体版（整合价格框架：52.8 元；分离价格框架：纸质图书 A 售价 37.8 元，书中 30 处数字化资源 B 售价 15 元，合计也为 52.8 元，可自主选择 A 或 A+B），把下列参考价格（即您对“富媒体版”的 53 元定价进行评价和判断的各种心理价格）填在方框内。[填空题] [必答题]

富媒体教材教辅的参考价格：

(1)您认为“划算”的价格为________元；

(2)与推测的成本利润相比，您认为公平的价格为________元；

(3)您认为“物有所值”的价格为________元；

(4)您期望的价格为________元。

6. 富媒体图书可能因内容、形式创新和对社会的贡献具有文化价值，下列有关该富媒体图书的描述，您是否同意？ [矩阵量表题] [必答题]

	非常不同意	不同意	有点不同意	不确定	有点同意	同意	非常同意
该富媒体图书能促进全民阅读，培养全民阅读习惯	○	○	○	○	○	○	○
该富媒体图书对我们具有重要的文化意义	○	○	○	○	○	○	○
该富媒体图书向我们传递了重要的精神信息	○	○	○	○	○	○	○
该富媒体图书对国民有教育价值	○	○	○	○	○	○	○

7. 依据前述各种信息和判断以及富媒体图书的 3 个显著特点(媒体融合、超级链接、沟通互动)，下列有关富媒体教材教辅的判断，您的选择如何？ [矩阵量表题] [必答题]

	非常低	低	有点低	不确定	有点高	高	非常高
富媒体版的知识准确性如何？	○	○	○	○	○	○	○
富媒体版的创新性如何？	○	○	○	○	○	○	○
富媒体版的质量如何？	○	○	○	○	○	○	○
富媒体版是值得信赖的吗？(可信性)	○	○	○	○	○	○	○
富媒体版适用于阅读和学习吗？(适用性)	○	○	○	○	○	○	○

8. 依据前述各种信息和判断以及富媒体图书的 3 个显著特点(媒体融合、超级链接、沟通互动)，下列有关富媒体教材教辅的陈述，您是否同意？ [矩阵量表题] [必答题]

	非常不同意	不同意	有点不同意	不确定	有点同意	同意	非常同意
相对于定价而言，富媒体版物有所值	○	○	○	○	○	○	○
富媒体版定价合理而且质量会很高	○	○	○	○	○	○	○
与纸质版相比，富媒体版性价比很高	○	○	○	○	○	○	○
考虑到品牌和富媒体版的特点，富媒体版很划算	○	○	○	○	○	○	○
与我愿意支付的最高价格相比，富媒体版定价说明其物美价廉	○	○	○	○	○	○	○
富媒体版定价合理且能很好满足我阅读和学习的需要，值得拥有	○	○	○	○	○	○	○
富媒体版定价合理而且物超所值	○	○	○	○	○	○	○

9. 依据前述各种信息和判断以及富媒体图书的 3 个显著特点（媒体融合、超级链接、沟通互动），下列有关富媒体教材教辅的陈述，您是否同意？ [矩阵量表题] [必答题]

	非常不同意	不同意	有点不同意	不确定	有点同意	同意	非常同意
与我的预期价格相比，富媒体版定价很便宜	○	○	○	○	○	○	○
富媒体版定价让我感觉会省些钱，我很高兴	○	○	○	○	○	○	○
除了省钱以外，富媒体版定价对我有利，我很满意	○	○	○	○	○	○	○
富媒体版的定价让我很开心	○	○	○	○	○	○	○
与纸质版定价相比，我对富媒体版的定价很满意	○	○	○	○	○	○	○

10. 综合考虑 5~9 题中的价格和价值判断，假设您要购买一本某出版社的《中国诗词大会》，在传统纸质版和富媒体版之间二选一，您是否同意下列陈述？ [矩阵量表题] [必答题]

	非常不同意	不同意	有点不同意	不确定	有点同意	同意	非常同意
我愿意购买富媒体版	○	○	○	○	○	○	○

续表

	非常不同意	不同意	有点不同意	不确定	有点同意	同意	非常同意
我愿意推荐我的朋友购买富媒体版	○	○	○	○	○	○	○
我愿意为购买富媒体版多付些钱	○	○	○	○	○	○	○
如果需要，我购买富媒体版的可能性很大	○	○	○	○	○	○	○

11. 您的性别：[单选题] [必答题]

○男　○女

12. 您的学历：[单选题] [必答题]

○专科及以下　○本科　○硕士　○博士及以上

问卷填写完毕！再次谢谢您的帮助！别忘了抽取红包哦！

附录 B3　文化类富媒体图书高价格环境调研问卷

您好！

本问卷是有关富媒体图书价格价值的调查！非常感谢您抽出宝贵时间参与问卷调查！

本调查用于富媒体图书购买意愿的学术研究，问卷采用匿名方式，您的选择和回答没有对错之分！您的真实想法对研究成果生成有非常重要的影响！认真填写问卷约花费您 10 分钟的时间，用手机微信填写的有效问卷可参与红包抽奖！一部手机只能提交一次问卷！

我们在此郑重声明：本调查仅用于学术性研究，决不另做他用，即便如此，我们仍郑重承诺：对问卷信息严格保密。您的“积极参与”和“真实想法”将对本书做出重要贡献！

文化产业研究所

填写问卷前必读：

本问卷中的“富媒体图书”是一种数字媒体和纸媒相融合的创新型图书。假设您想要购买一本喜欢的图书，如某出版社的《话说中国》《中国诗词大会》等。该图书有两个版本：传统纸质版和富媒体版，富媒体版与纸质版除价格不同外还有 3 个显著特点：媒体融合、超级链接、沟通互动。

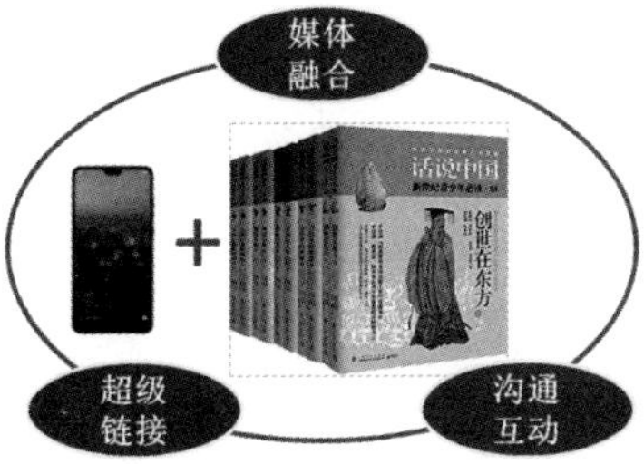

富媒体版 3 个显著特点：

➢ 媒体融合：60%的内容在纸上呈现，40%的内容以动画、音视频、虚拟现实等新媒体呈现

➢ 超级链接：新媒体内容在纸书上以二维码或 AR 技术通过超级链接的方式在手机上展现

➢ 沟通互动：随时随地可与作者、译者、其他读者借助手机平台沟通互动

1. 您的年龄：[单选题] [必答题]

○ 18~22 岁　○ 23~25 岁　○ 26~30 岁　○ 31~39 岁　○其他

2. 您认为本问卷中介绍的富媒体图书与传统纸质图书相比，变化如何？ [单选题] [必答题]

○非常大　○大　○说不清　○小　○非常小

3. 您可能购买富媒体图书吗？ [单选题] [必答题]

○可能　○不确定　○不可能

4.“参考价格”是消费者对产品“价格”进行评价和判断的心理基准价格。购买图书时，您心中有“参考价格”吗？ [单选题] [必答题]

○有　○不确定　○没有

5. 假设您想要购买一本某出版社的《中国诗词大会》(《话说中国》)，该书有两个版本纸质版和富媒体版，您将在“纸质版(《中国诗词大会》79 元(《话说中国》324 元))”或“富媒体版(《中国诗词大会》98 元(《话说中国》399 元))”中自主选择一个版本，两种版本除定价不同以及富媒体版具有 3 个显著特点(媒体融合、超级链接、沟通互动)外，其他方面相同。

现在，请您针对备选的“富媒体版(《中国诗词大会》98 元 (《话说中国》399 元))”，把下列参考价格(即您对“富媒体版”的(《中国诗词大会》98 元(《话说中国》399 元))进行评价和判断的各种心理价格)填在方框内。[填空题] [必答题]

富媒体教材教辅的参考价格：

（1）您认为“划算”的价格为_______元；

（2）与推测的成本利润相比，您认为公平的价格为_______元；

（3）您认为“物有所值”的价格为_______元；

（4）您期望的价格为________元。

6. 富媒体图书可能因内容、形式创新和对社会的贡献具有文化价值，下列有关该富媒体图书的描述，您是否同意？ [矩阵量表题] [必答题]

	非常不同意	不同意	有点不同意	不确定	有点同意	同意	非常同意
该富媒体图书能促进全民阅读，培养全民阅读习惯	○	○	○	○	○	○	○
该富媒体图书对我们具有重要的文化意义	○	○	○	○	○	○	○
该富媒体图书向我们传递了重要的精神信息	○	○	○	○	○	○	○
该富媒体图书对国民有教育价值	○	○	○	○	○	○	○

7. 综合考虑5~6题中的价格和价值判断，假设您要购买一本某出版社的《中国诗词大会》(《话说中国》)，在传统纸质版和富媒体版之间二选一，您是否同意下列陈述？ [矩阵量表题] [必答题]

	非常不同意	不同意	有点不同意	不确定	有点同意	同意	非常同意
我愿意购买富媒体版	○	○	○	○	○	○	○
我愿意推荐我的朋友购买富媒体版	○	○	○	○	○	○	○
我愿意为购买富媒体版多付些钱	○	○	○	○	○	○	○
如果需要，我购买富媒体版的可能性很大	○	○	○	○	○	○	○

8. 您的性别：[单选题] [必答题]

○男　○女

9. 您的学历：[单选题] [必答题]

○专科及以下　○本科　○硕士　○博士及以上

问卷填写完毕！再次谢谢您的帮助！别忘了抽取红包哦！